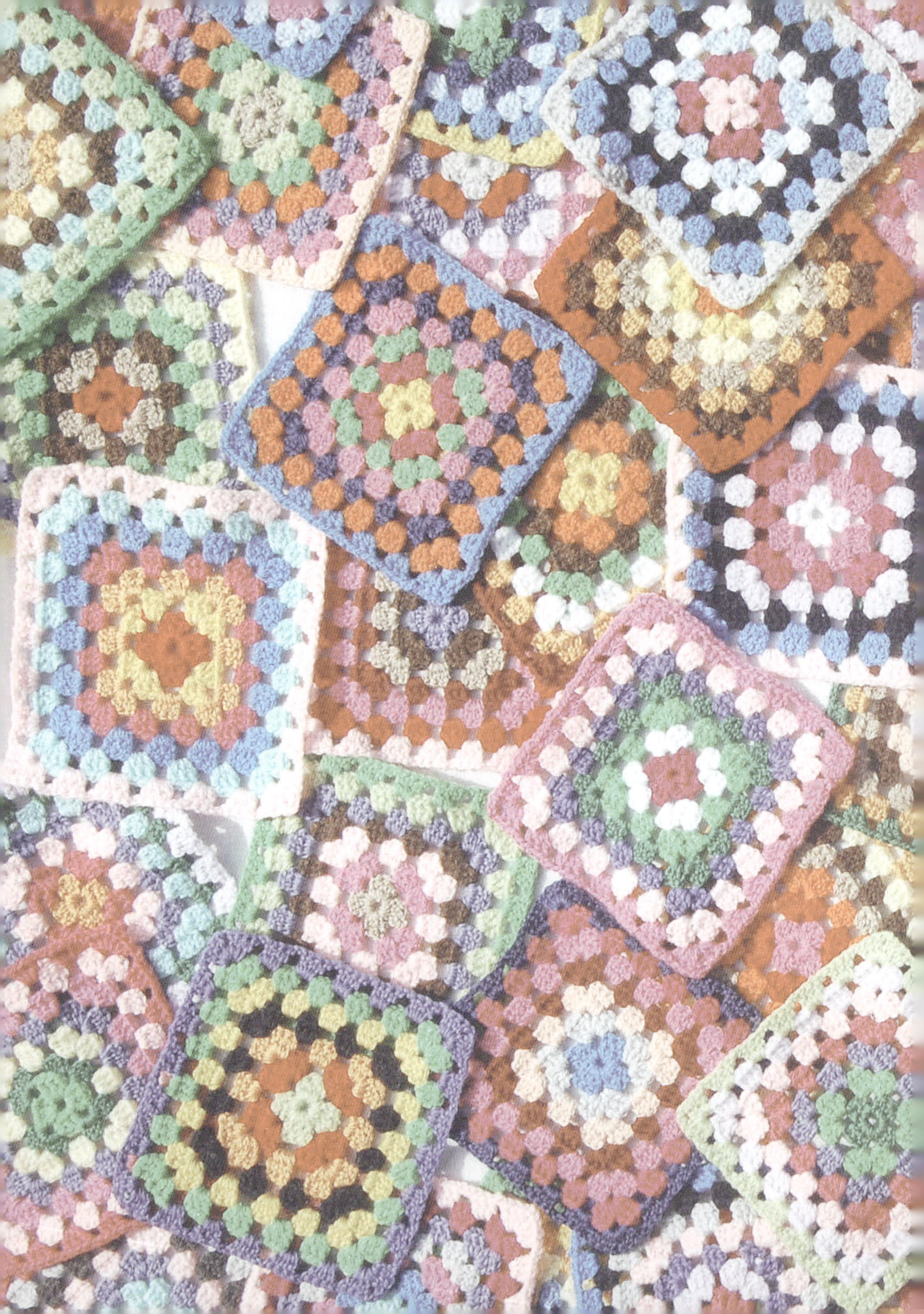

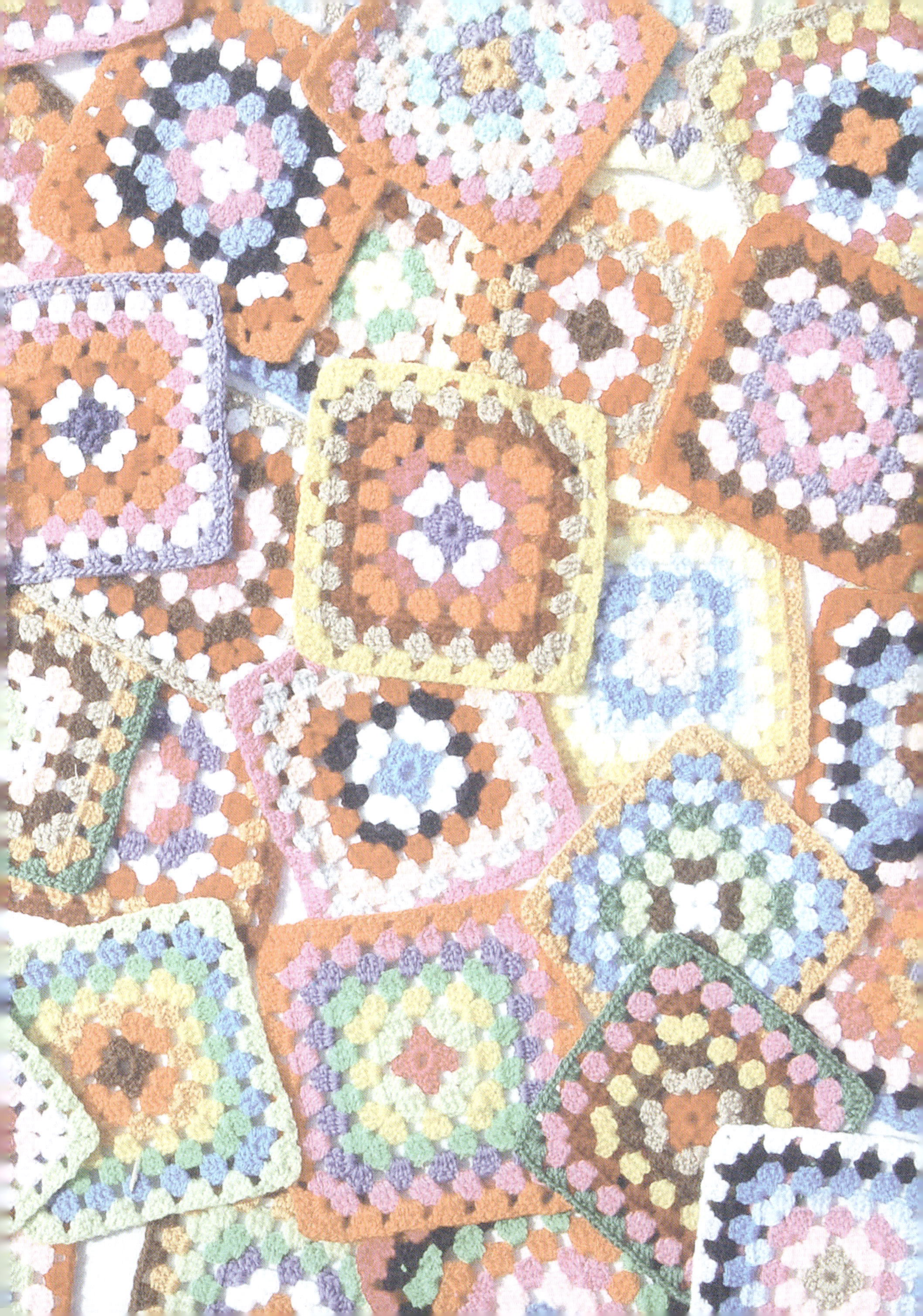

Granny Squares

Babette Ulmer

GRANNY SQUARES

DER FASHIONTREND ZUM NACHHÄKELN

Das Comeback der 70er

Inhalt

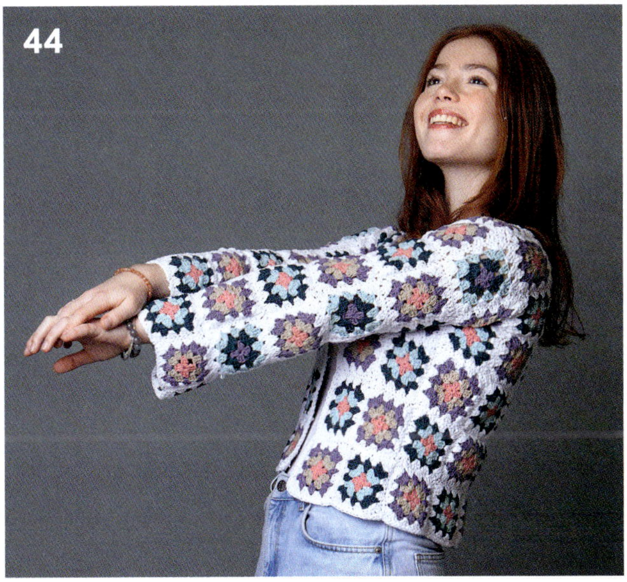
44

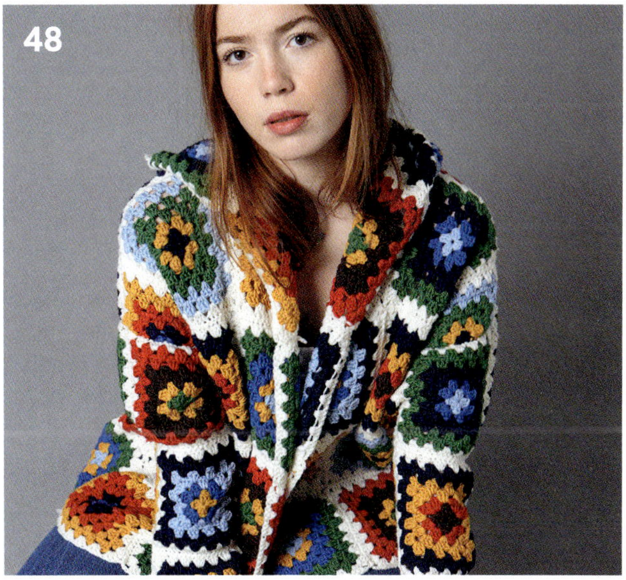
48

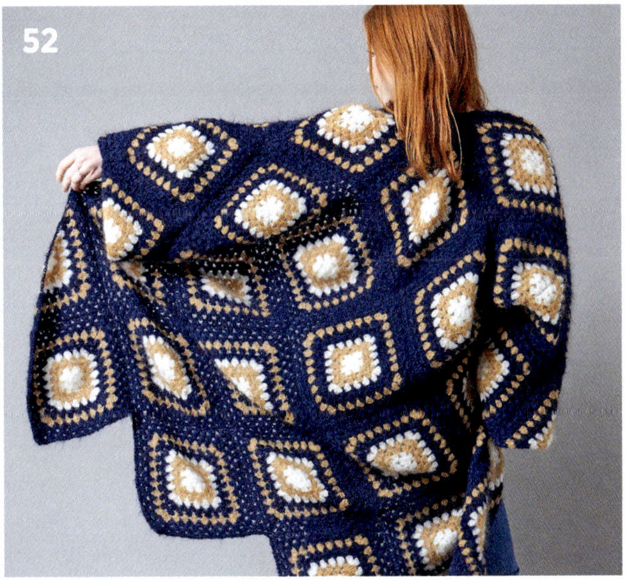
52

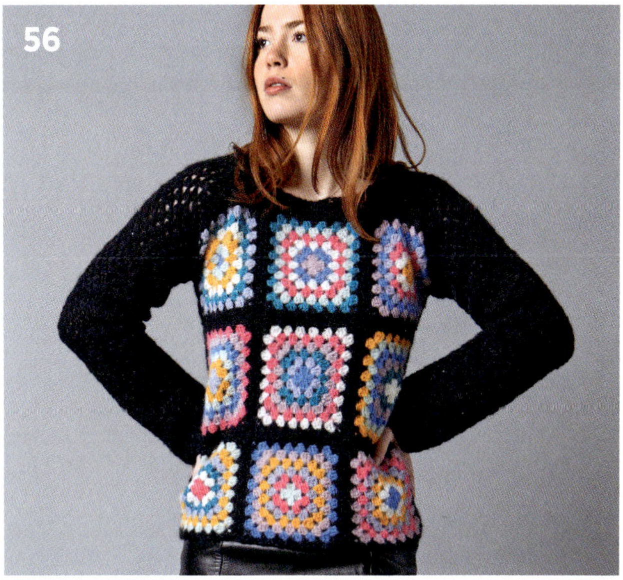
56

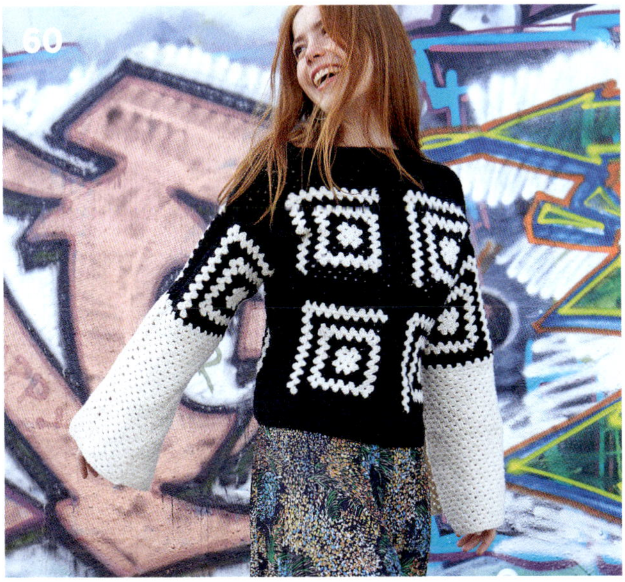
60

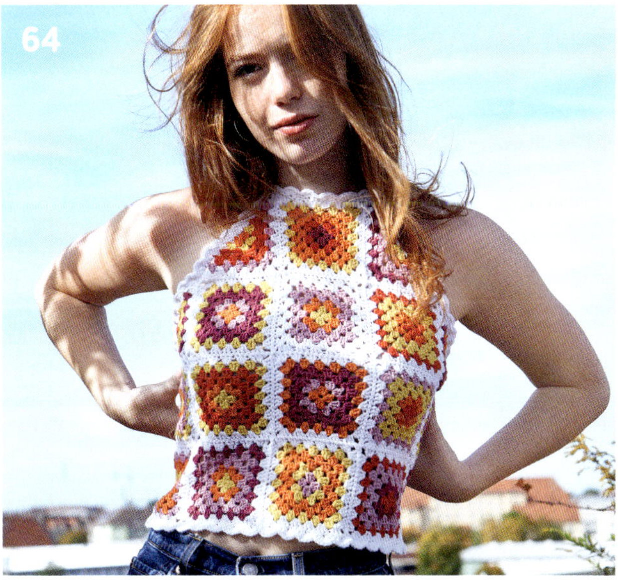
64

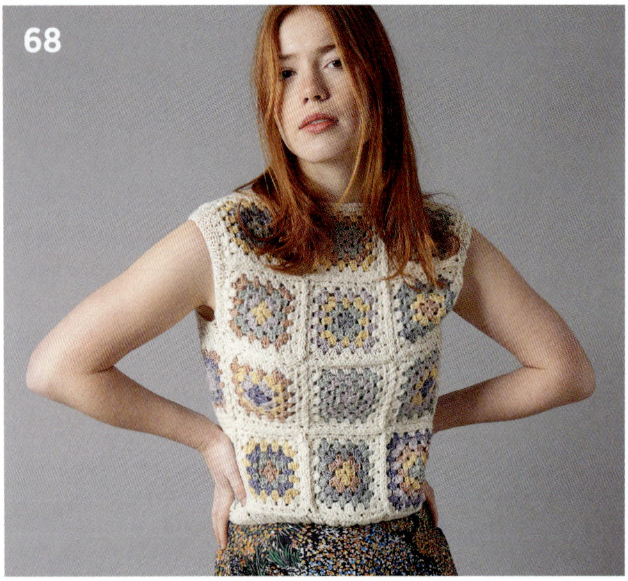
68

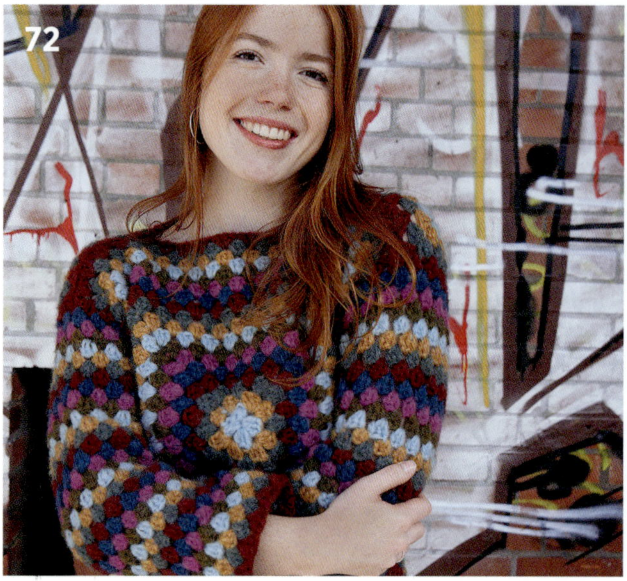
72

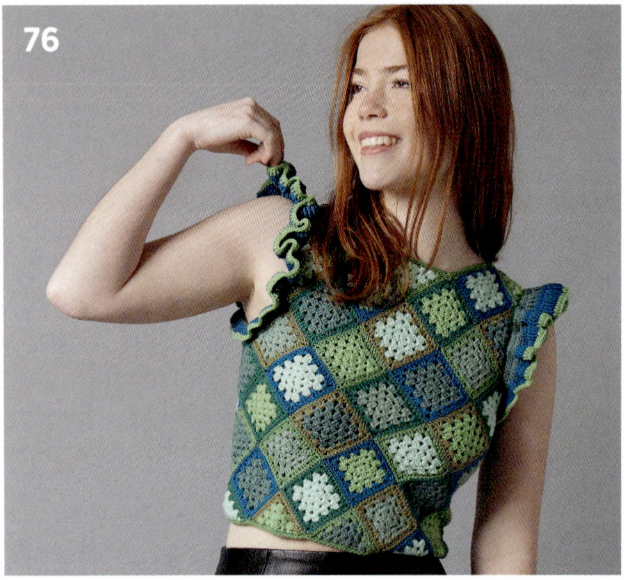
76

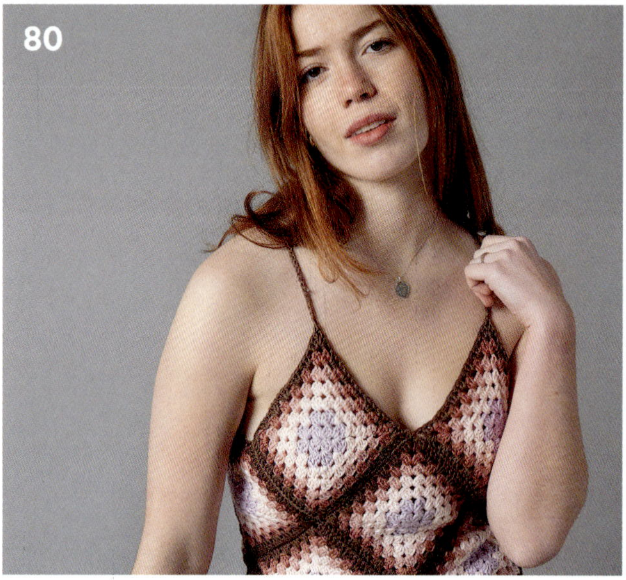
80

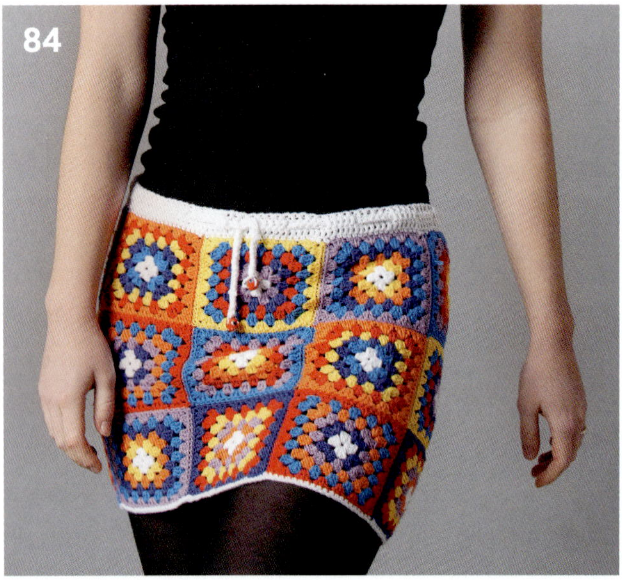
84

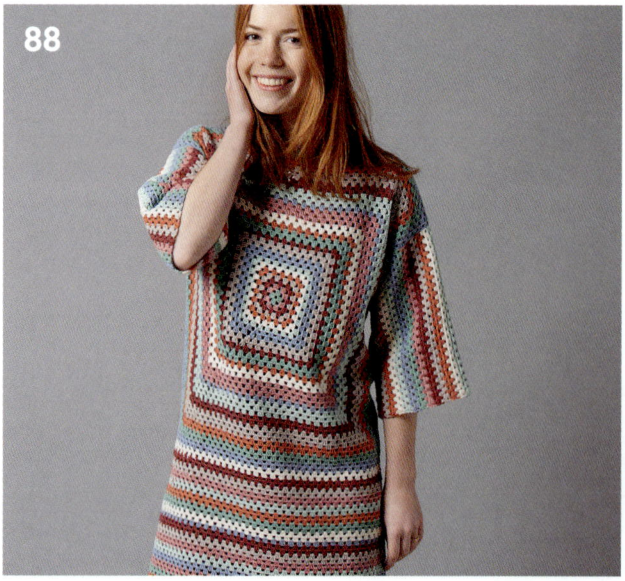
88

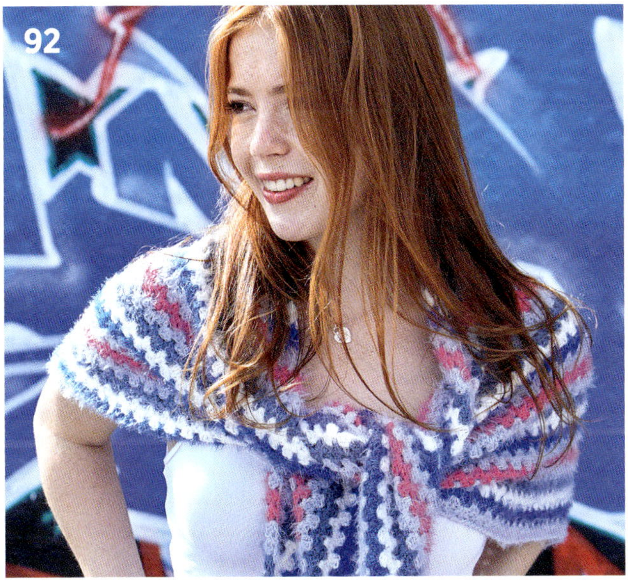
92

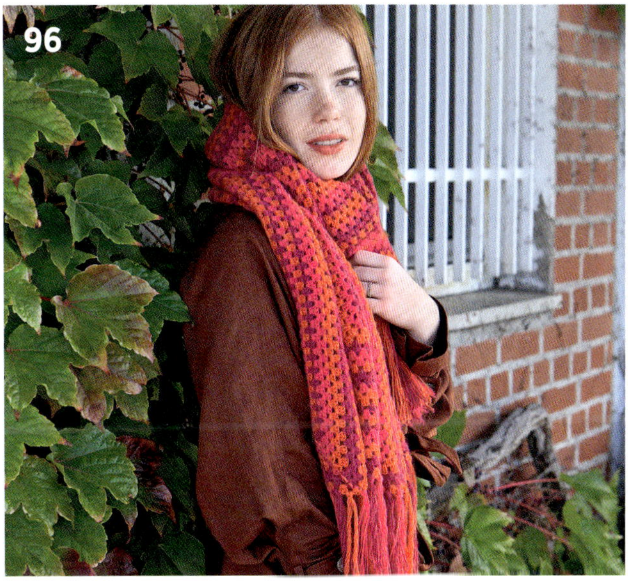
96

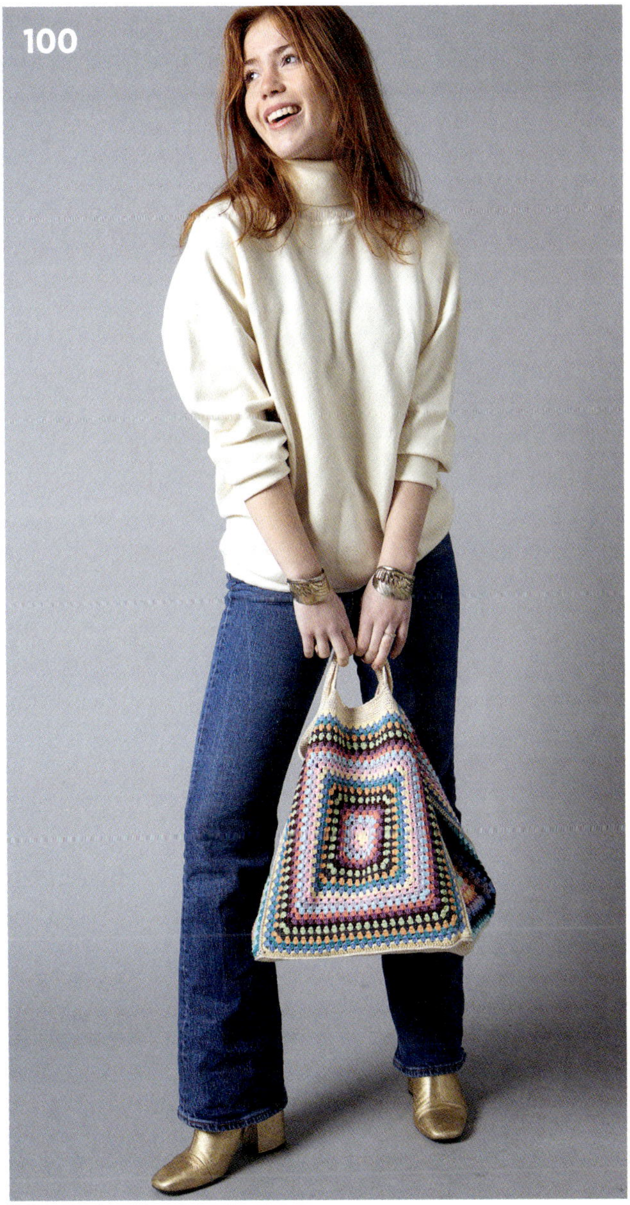
100

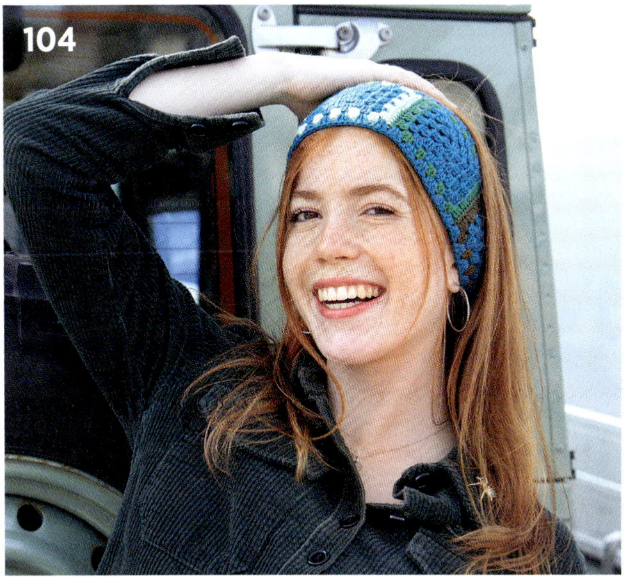
104

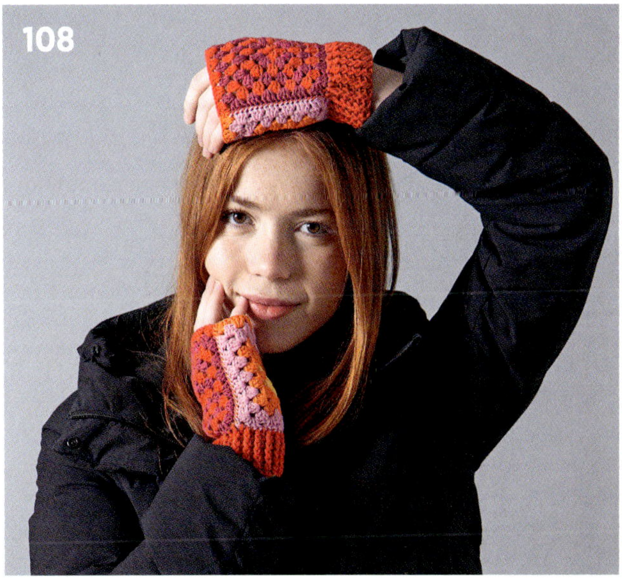
108

Vorwort

Grannys sind altmodisch? Ganz und gar nicht! Im Gegenteil, sie sind sogar richtig hipp! Es kommt schlussendlich nur darauf an, was man aus ihnen macht, welche Garne und Farben verwendet werden und wie sie geschickt kombiniert werden.

In einem ausführlichen Grundlagenteil finden Sie eine Menge Hintergrundwissen zum Häkeln der kleinen Quadrate. Außerdem gibt es auch noch viel Interessantes zur Entstehung dieser zeitlosen Klassiker.

Für jedes Modell dieses Buches wurde stets dasselbe Granny verwendet. Wie dieses gearbeitet wird, wird ausführlich beschrieben. Und doch ergeben sich völlig verschiedene Looks. Wie sehr nicht nur Farb- und Garnauswahl, sondern auch die Art der Ausarbeitung, das Hinzufügen oder Weglassen einzelner Runden, das Arbeiten in Runden oder Reihen, das Häkeln des Grannys als Quadrat oder als Dreieck und ähnliche Ideen den Charakter des immer gleichen Häkelquadrats verändern, zeige ich Ihnen an vielen unterschiedlichen Beispielen. Schauen Sie sich ruhig alle diese Anregungen ab oder arbeiten Sie einfach die ausführlich beschriebenen Modelle nach! Sie finden hier Anleitungen für Jacken und Mäntel, Pullunder und Pullover, sommerliche Tops und Röcke und auch Accessoires wie Schals, Tücher, Stulpen und Taschen: Es ist für alle was dabei!

Und noch ein Tipp: Da so ein Granny leicht zu häkeln ist, wird jedes Modell im Buch dein neues Wunschprojekt. Da kann man gar nicht mehr aufhören!

Die meisten Modelle werden aus vielen kleinen Grannys gearbeitet, die später zusammengenäht werden. Ein Granny nimmt nicht viel Platz in der Tasche ein, somit lässt sich die Häkelarbeit ganz leicht überall mit hinnehmen. Morgens im Bus oder in der Bahn lassen sich schnell ein oder zwei Grannys häkeln, denn es ist auch vom Zeitrahmen überschaubar. Da jede Runde vom Prinzip her gleich gearbeitet wird, muss dazu auch bald keine Anleitung mehr mit. Das Muster geht ganz fix im Gedächtnis und häkelt sich bald wie von selbst. Und wenn mitten in der Runde die Fahrt zur Arbeit schon beendet ist, ist es auch kein Problem, mittendrin aufzuhören.

Ganz viel Freude und Inspiration
mit den Grannys!

Babette Ulmer

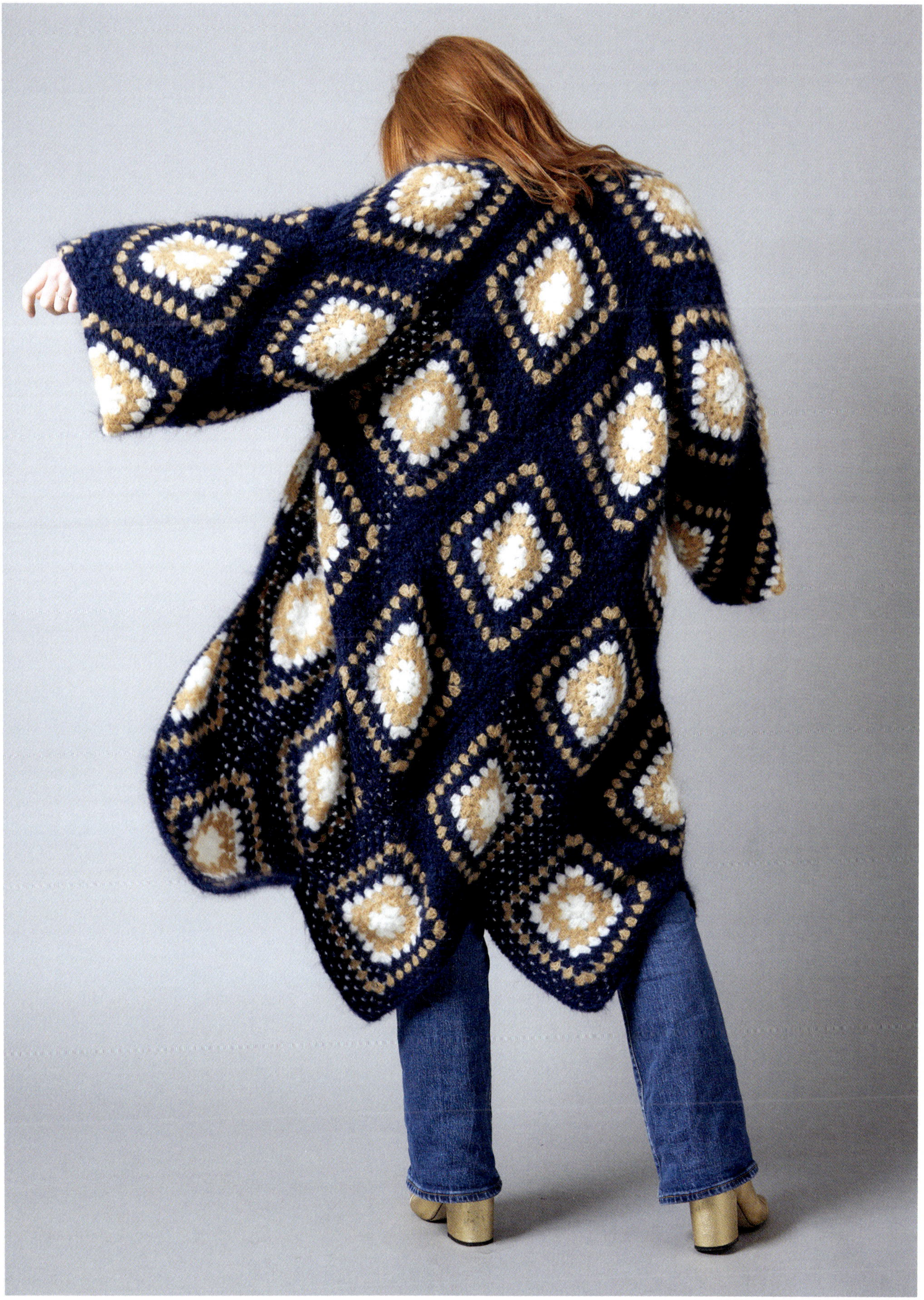

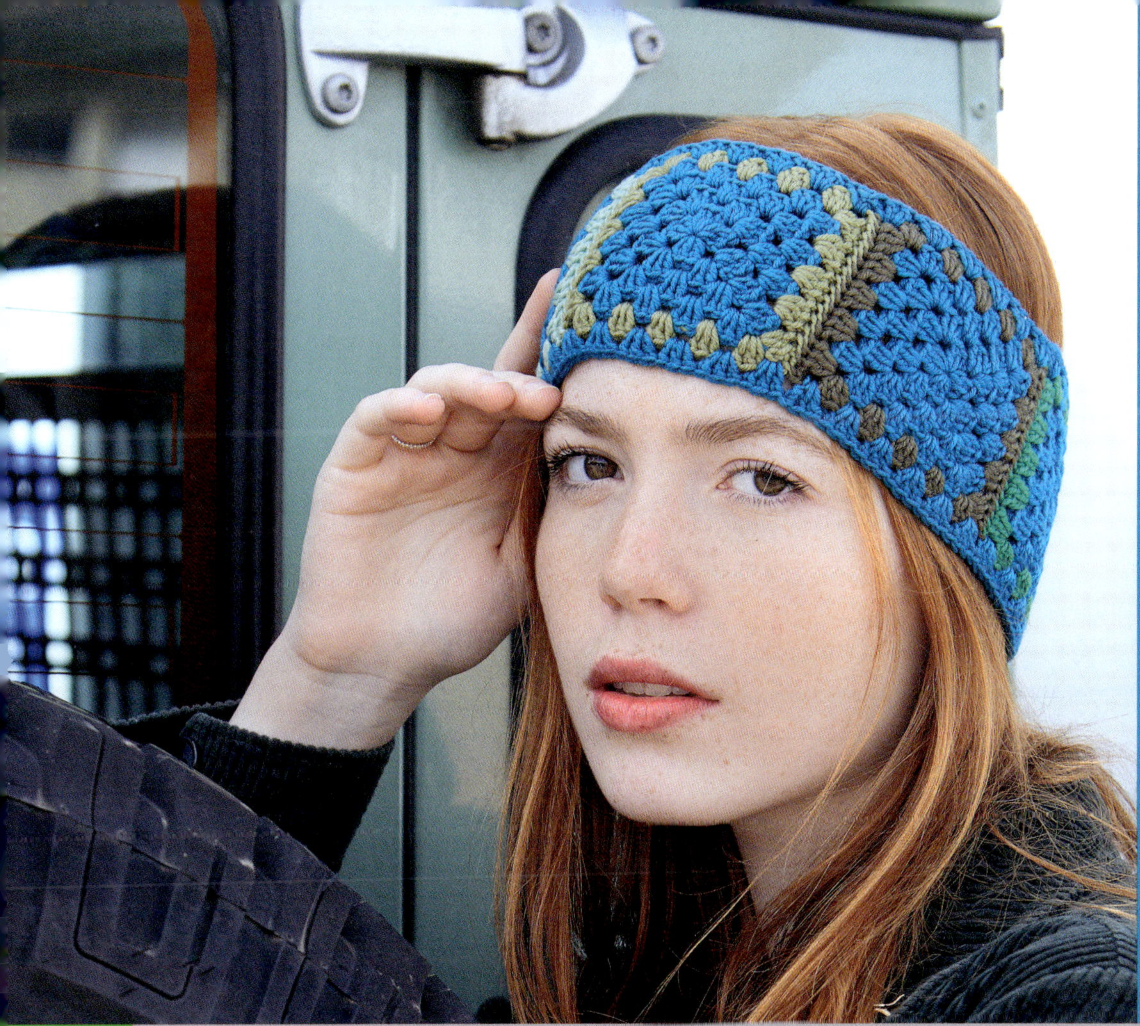

Allgemeiner Teil

Granny Squares

Grannys Squares, oder kurz Grannys, diese entzückenden kleinen Häkelquadrate, aus denen sich allerhand Wunderbares zusammenpatchen lässt – Wer kennt sie nicht? Egal, ob sie in quietschbuntem Farbenmix daherkommen oder dezent monochrom, fröhlich, edel, aufregend – sie sind stets und zu jeder Saison ein Hingucker, peppen als kleines Detail die Garderobe auf oder bilden den Baustein für ein Allover-Design.

WER HAT'S ERFUNDEN?

Mrs. Phelps. Kurze Antwort auf eine lange unbeantwortete Frage. Martha Stewart, amerikanische Hauswirtschafts-TV-Ikone, nahm in einer Publikation an, schon im 17. Jahrhundert hätten die Siedler aus Europa in ihren Planwagen Granny Squares gehäkelt. HistorikerInnen sagen: Falsch, Häkeln war zu dieser Zeit noch gar nicht bekannt, die Pioniere haben gewebt oder allenfalls gestrickt. In deutschen Handarbeitsbüchern wurde spekuliert, die Grannys seien eine Erfindung der Nachkriegszeit – ebenfalls falsch, es gibt jede Menge Beweise für ältere Granny-Modelle.

Geschichtsinteressierte HäklerInnen haben historische Handarbeitsbücher durchstöbert, immer auf der Suche nach der ersten Anleitung für das weltweit erfolgreiche Häkelquadrat. Der älteste bekannte Fund stammte bisher aus dem Jahr 1891: Das Buch Art of Crocheting (Die Kunst des Häkelns) zeigte die Skizze eines Häkelquadrats, das dem Klassiker von heute sehr, sehr ähnlich sieht. Allerdings werden dort nur Gruppen von zwei Stäbchen gehäkelt, nicht wie heute meist Dreiergruppen.

Im Februar 2022 veröffentlichte das neuseeländische Mutter-Tochter Duo Ruth und Joy vom Woll- und Zubehör-Shop The Yarn Queen auf ihrem Block spannende Neuigkeiten: Nicht in einer Handarbeitszeitschrift, sondern in einem Landwirtschaftsmagazin hatte das Häkelmuster seinen ersten Auftritt. Am 4. April 1885 berichtete das Prairie Farmer Magazine vom Treffen des Hausfrauenvereins, bei dem eine gewisse Mrs. Phelps (ohne Nennung des Vornamens, so war das damals üblich) eine neue Anleitung vorstellte. Und es ist ein lupenreines Granny Square mit Dreiergruppen, Farbwechseln in jeder Runde und bunten Tönen in der Mitte, aber jeweils schwarzer Umrandung.

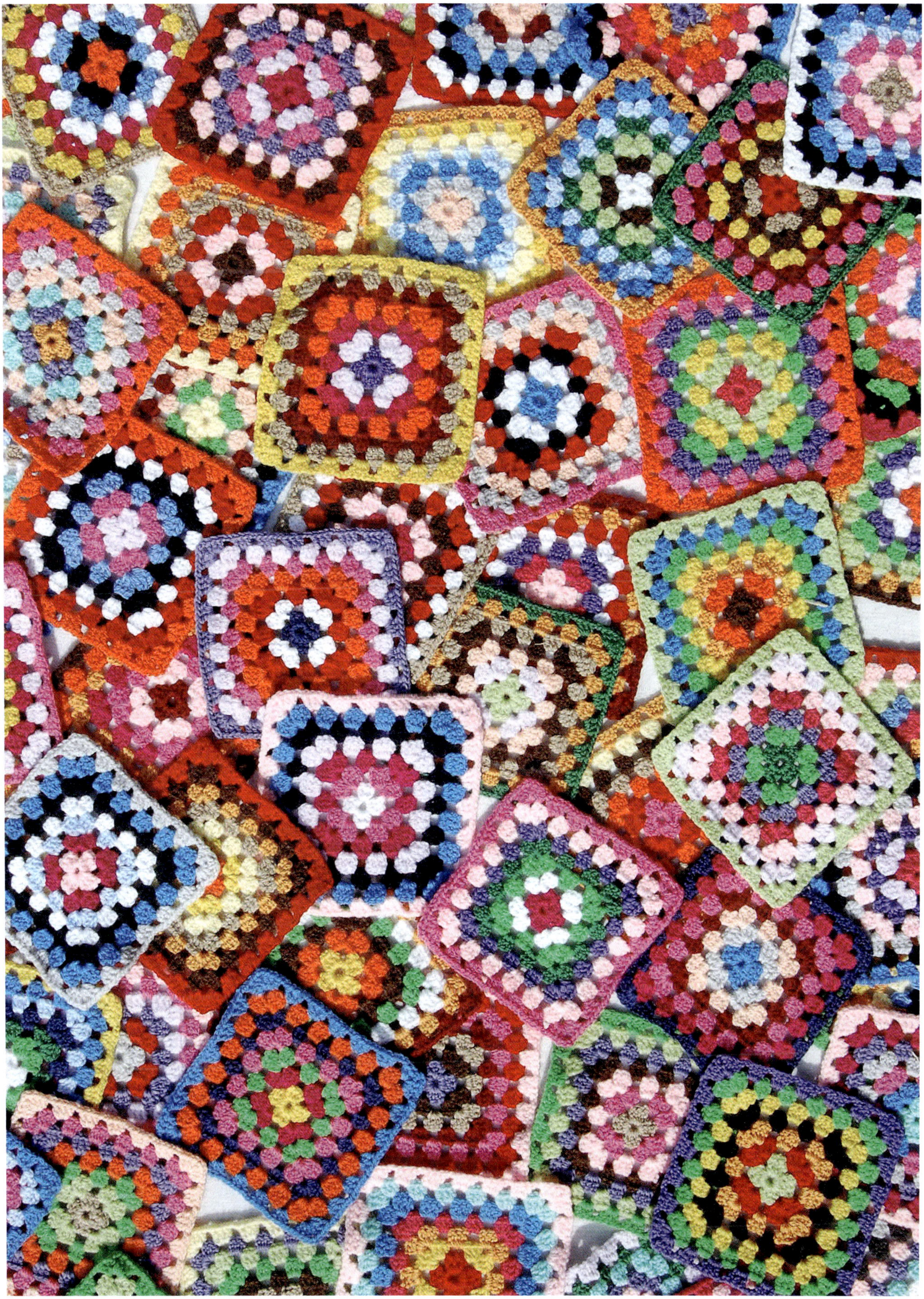

Gedacht war es als Basis für Häkeldecken, entsprechend nannte die Erfinderin es Pattern for Crazy Afghan. Crazy, zu Deutsch verrückt, bezog sich auf eine damals sehr modische Quilttechnik, bei der bunte Stoffformen mit schwarzem Samtband verbunden wurden, Afghan ist ein anderes Wort für Wolldecke. 1885 ist also der Beginn der Erfolgsgeschichte des Granny Squares.

In den letzten 138 Jahren wurden die Granny Squares weltweit populär. Denn es ist einfach zu häkeln, man kann es überall hin mitnehmen, es ist perfekt für die Verarbeitung von Wollresten geeignet, lädt dazu ein, mit Farben zu experimentieren und lässt sich zu den unterschiedlichsten Modellen zusammensetzen – von der Wolldecke, über Tops bis zu Jacken und Pullovern in jeder denkbaren Größe. Allerdings setzte sich ein anderer Name durch: Granny Squares, also Omas Häkelquadrate. Wie es zu dieser Umbenennung kam, dazu gibt es viele Spekulationen. Das einfache Muster lässt sich auch mit nachlassendem Augenlicht oder sogar blind bewältigen – daher die Verbindung zur älteren Generation. Großmütter haben Zeit und Muße, um die einzelnen Quadrate zusammenzufügen, deshalb wurde das fertige Stückwerk ihnen zugeschrieben. Aber auch die Idee, dass die markanten Häkelmodelle schon so lange im Trend liegen, dass wirklich jeder sie schon von seiner Oma kennt, wird angeführt.

Ein Dankeschön geht auf jeden Fall an Mrs. Phelps! Sie hat die Häkelwelt inspiriert und deutlich bunter gemacht – auch wenn aus ihrem Crazy Afghan Pattern Granny Squares wurden.

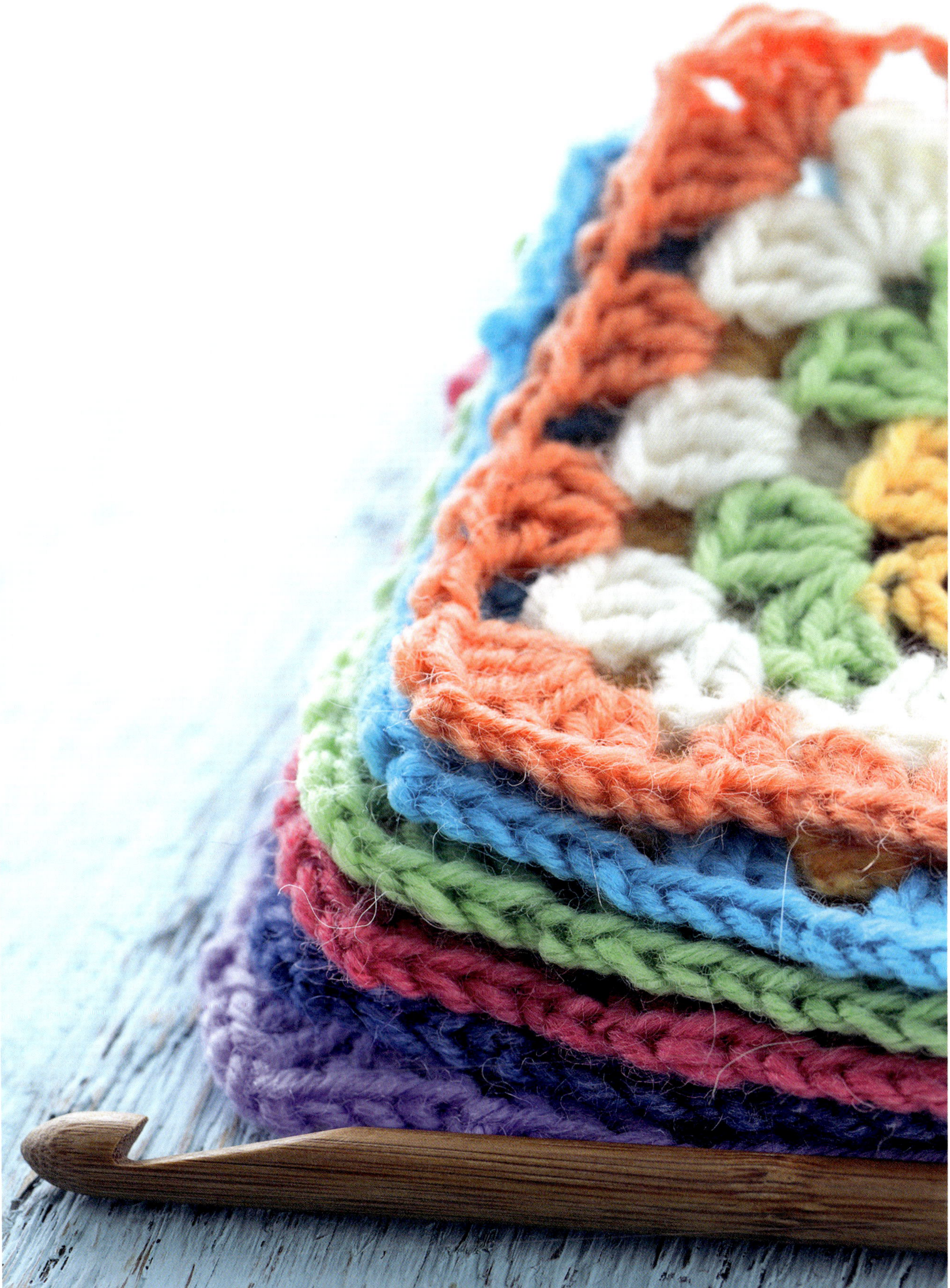

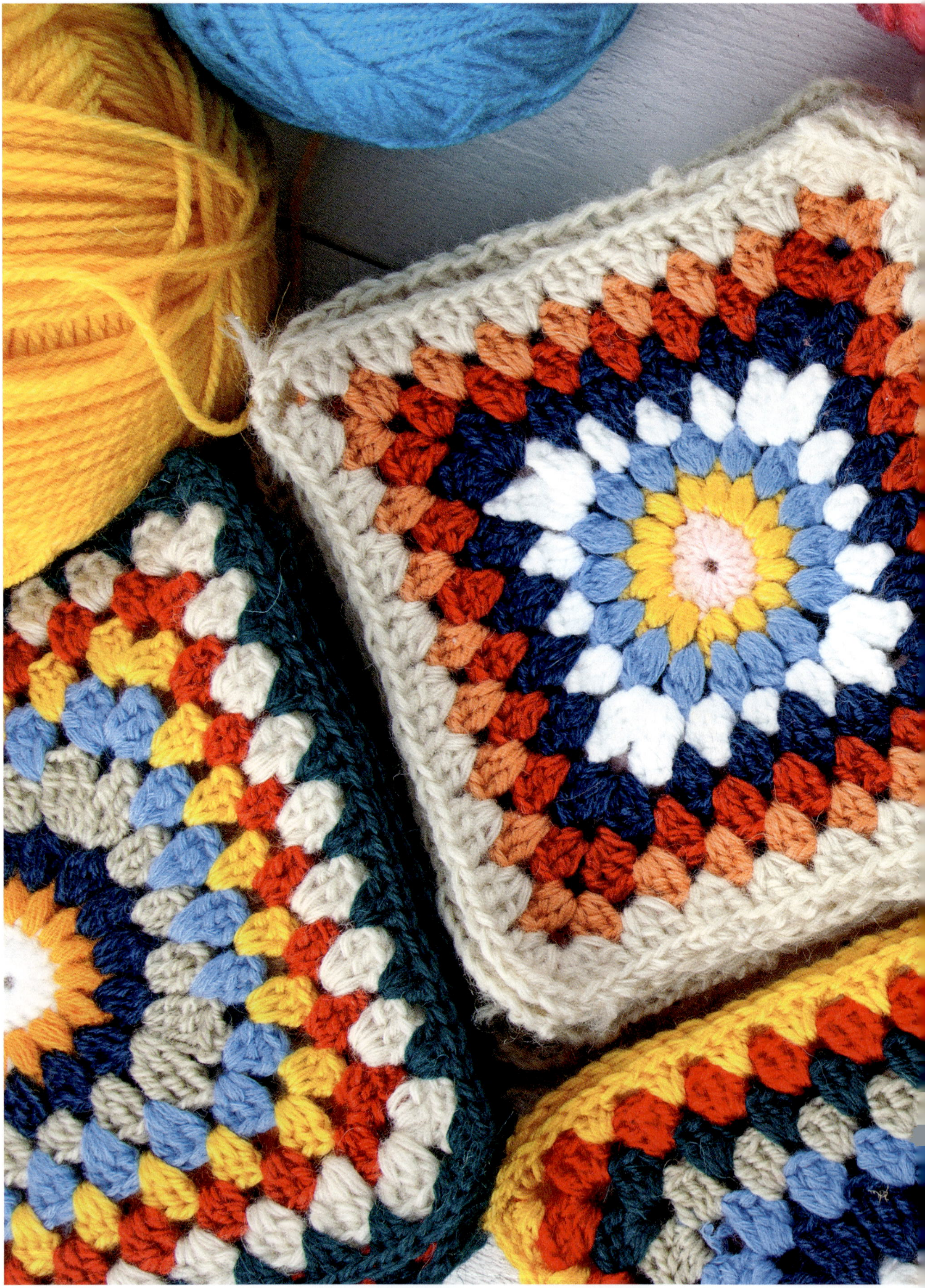

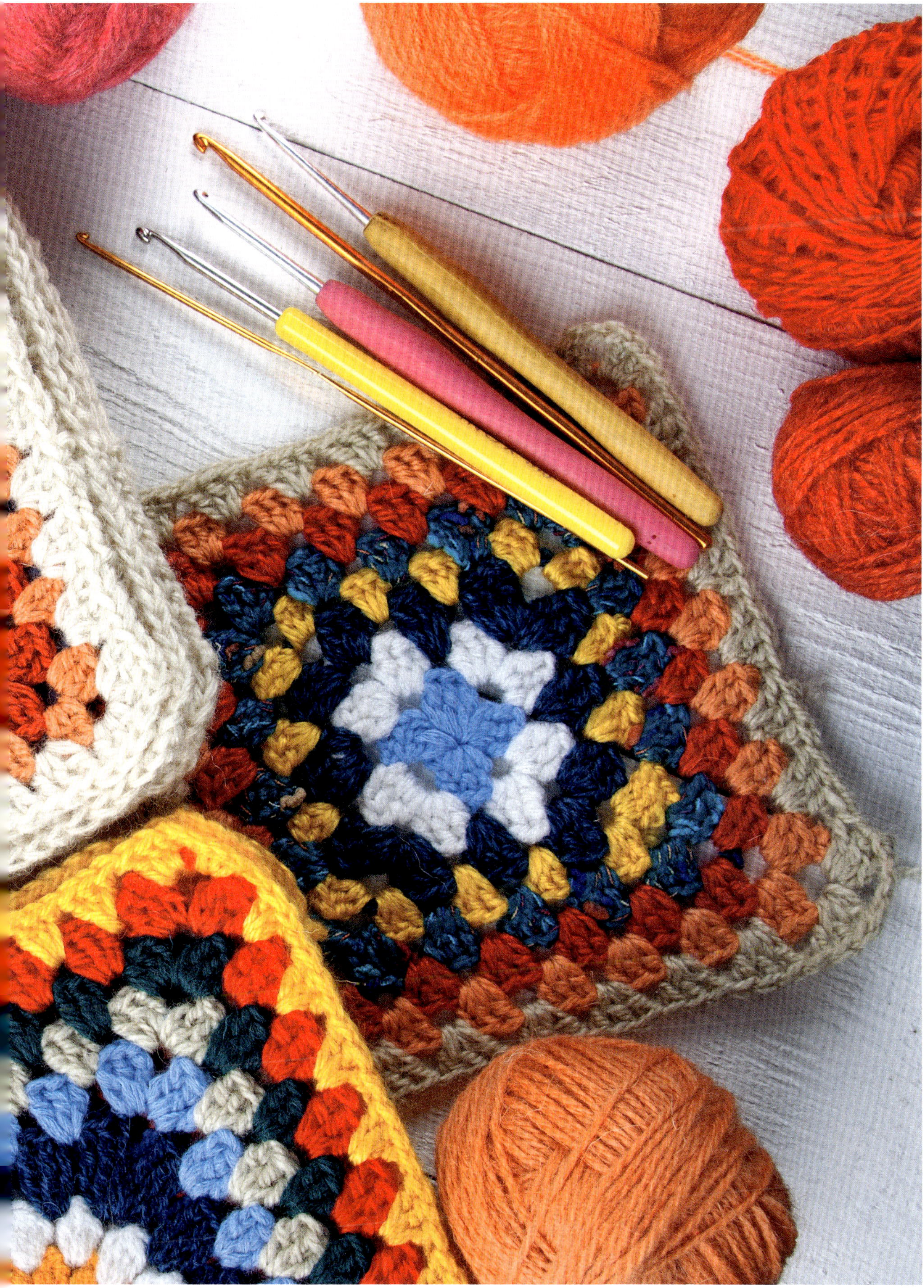

Back to the Seventies

Seit ihrer Erfindung gegen Ende des 19. Jahrhunderts waren Granny Squares eine Konstante im Häkel-Universum. Sie wurden auf der ganzen Welt gefertigt, und immer mal wieder gab es kleine Erfolgswellen. Während der Weltwirtschaftskrise in den 1930er Jahren waren Granny-Square-Wolldecken immens populär, weil sie aus Wollresten und aufgezogenen Stricksachen aller Art hergestellt wurden – in Zeiten großer Armut eine gute Möglichkeit, etwas Wärmendes herzustellen und ein wenig Farbe ins Leben zu bringen.

Gleichzeitig tauchten Grannys als Teil von Kleidungsstücken auf, erst als Verzierungen, dann gab es die ersten Kleider komplett aus Häkelquadraten.

Doch der eigentliche Boom kam Ende der 60er-, Anfang der 70er-Jahre. Mit der Hippie-Bewegung schwappte die dazugehörige Mode von den USA nach Europa über. Dazu gehörten lange Haare, blauer Lidschatten, ein wilder Farb- und Mustermix, Schlaghosen und Batik-Prints aber eben auch Granny Squares.

Sie standen für die kunsthandwerkliche Rückbesinnung der Hippies, ihrem Wunsch nach einem Leben und damit auch einer Mode jenseits des Establishments. Hier zeigte sich ihr Faible für Selbstgemachtes und Individuelles. Ein buntes Granny Square ist Flower-Power in Maschenform, unkompliziert, bunt, vielseitig und unglaublich fröhlich.

Während in den 60er Jahren vor allem Wolldecken, Kissen, sogar Überzüge für Toilettenpapierrollen mit Häkelquadraten gestaltet wurden (gern in der überaus beliebten Farbkombination Braun-Orange-Gelb) – verschob sich in den 70ern der Fokus Richtung Kleidungsstück. Granny Squares standen für bunte, unkonventionelle Tops, Pullis, Westen und Kleider, die man auch ohne große Handarbeitserfahrung selbst nadeln konnte. Ein auffälliger, farbenfroher Look, der bis heute auf keiner 70er-Jahre-Party fehlt.

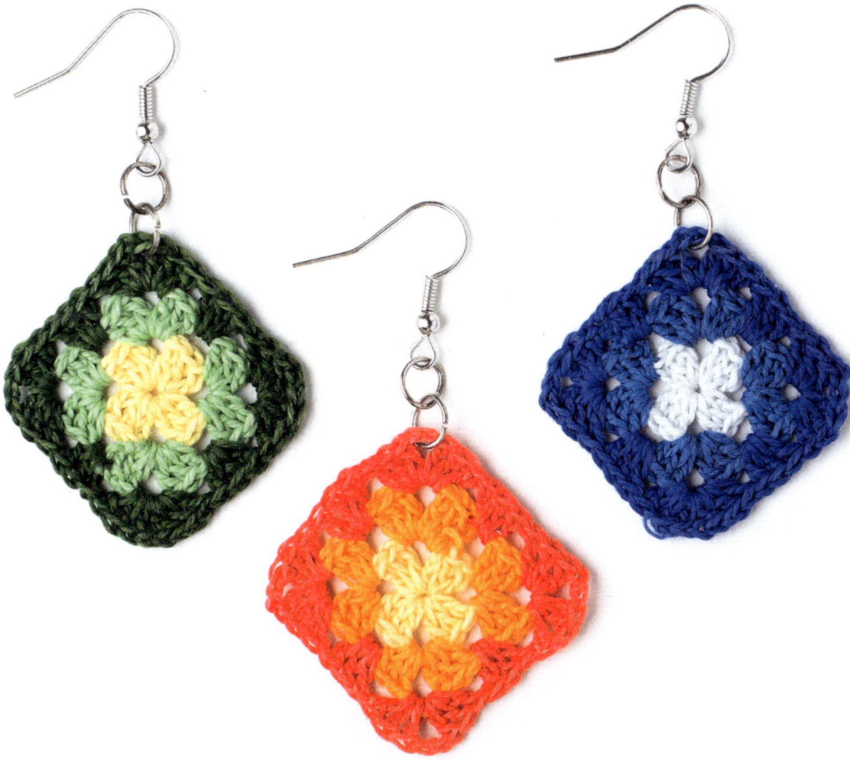

GRANNY-SQUARE-SCHMUCK

Im Miniaturformat wird aus jedem Häkelquadrat ein Schmuckstück! Der Trick: dünnes Garn und dünne Nadeln! Je höher die Lauflänge, die auf der Banderole angegeben ist, und je kleiner die verwendete Nadelstärke, desto winziger wird ein einzelnes Quadrat. Probieren Sie es mal mit buntem Baumwollgarn Stärke 10 in 3 Farben und Häkelnadel Stärke 1,25 mm bis 1,5 mm. Einfach die ersten 3 oder 4 Runden eines beliebigen Grannys häkeln, jede Runde in einer anderen Lieblingsfarbe, Fäden vernähen, Ohrhaken befestigen, fertig!

Granny Squares forever

Mit dem Ende des Handarbeits-Booms Anfang der 80er-Jahre wird es auch ruhiger um die Granny Squares. Aber ganz verschwunden sind sie nie. Dafür sind sie einfach zu vielseitig und zu perfekt dafür geeignet, Wollreste zu verarbeiten. Keine amerikanische Serie, bei der nicht irgendwann eine Häkeldecke im Granny Style auf dem Sofa liegt – ob Gilmore Girls, Big Bang Theory oder Jane the Virgin, Granny-Squares sind immer am Set, wenn ein behagliches Zuhause-Gefühl vermittelt werden soll, oder wenn das Bühnenbild noch einen bunten Farbflecks braucht.

Jetzt haftet ihnen Retro-Charme an, sie wirken nostalgisch und liebenswert altmodisch. Die Handarbeitswelt schert sich darum keinen Deut und häkelt unermüdlich weiter im Quadrat: Zwischen 2000 und heute ist international jedes Jahr mindestens ein Anleitungsbuch zum Thema erschienen, meist sind es mehrere. Gleichzeitig erwacht das Interesse der Haute Couture und Prêt-à-porter, Labels aus aller Welt beginnen, sich für Granny Squares zu interessieren.

Unvergessen der Aufschrei, den die Schauspielerin Cate Blanchett 2009 mit ihrem Häkelkleid des Designer-Teams Romance was Born auf einem roten Teppich in Australien auslöste. Von „zwei manikürte Daumen hoch" von der australischen Vogue bis zum Award für das schlechteste Celebrity-Outfit des Jahres gingen die Reaktionen. Doch die Neugier und die Experimentierfreude junger Fashion-Labels war geweckt.

Christopher Kane und Henry Holland gehören 2011 zu den Trendsettern, die in dieser Phase die ersten Models in Granny Squares über den Laufsteg schicken. Holland setzt dabei auf klassische, bunte Häkelquadrate mit schwarzem Rand, die er für Schals, Stolen und Tops nutzt. Christopher Kane arbeitet mit gedeckten Nuancen und übergroßen Grannys für Shirts und Röcke. Beide haben zudem Prints in der Kollektion, die das typische Granny Muster aufnehmen.

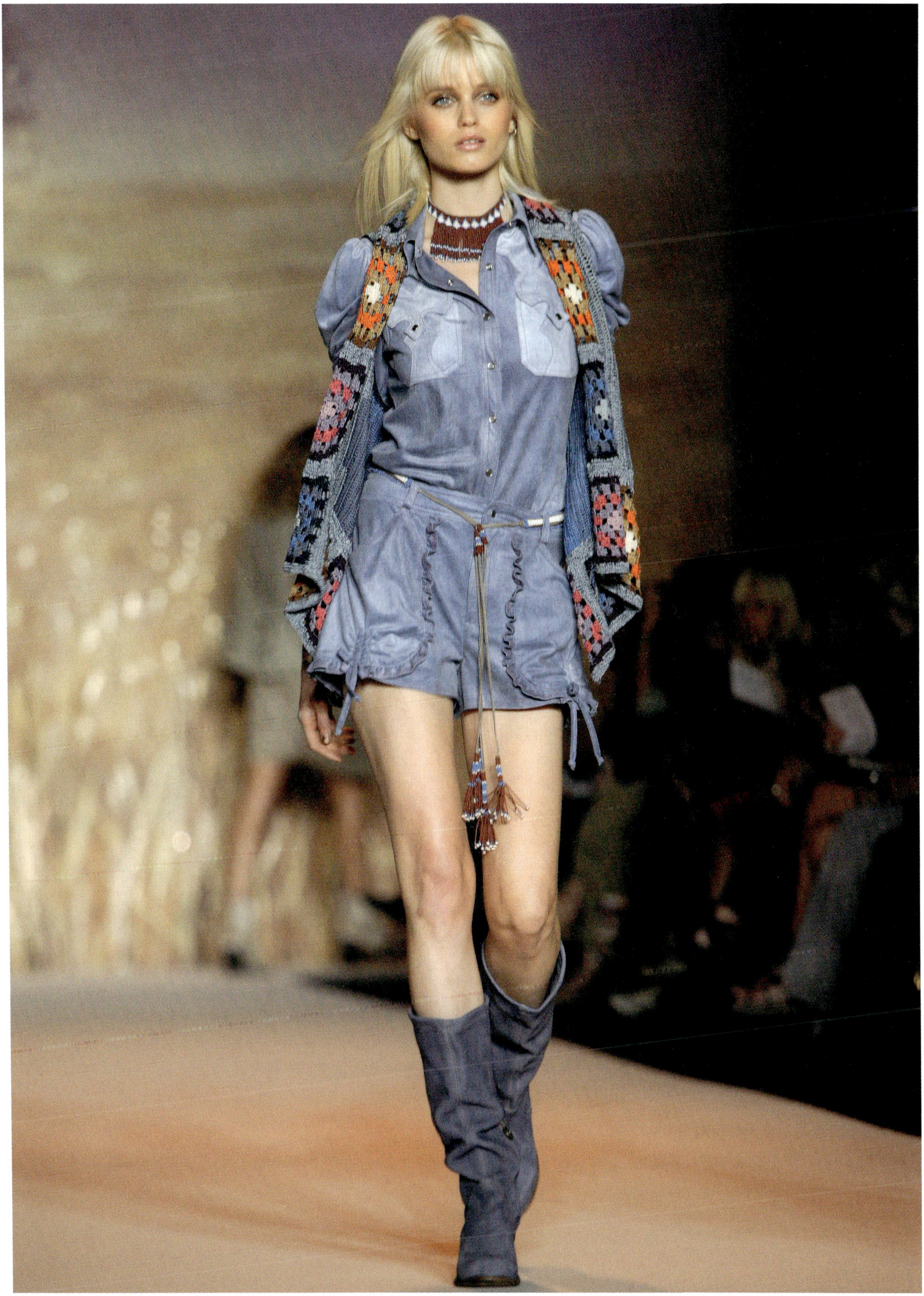

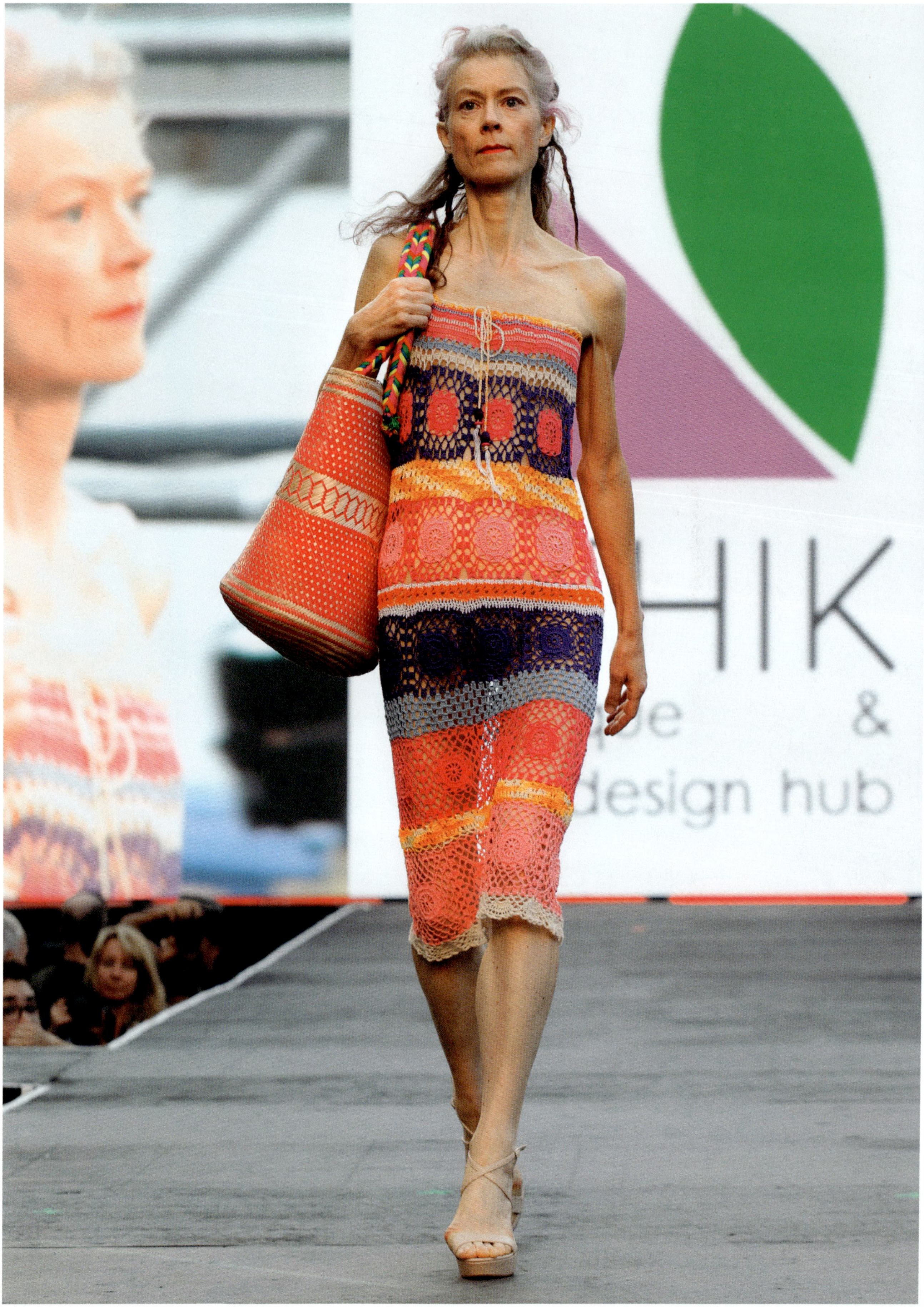
HIK
&
design hub

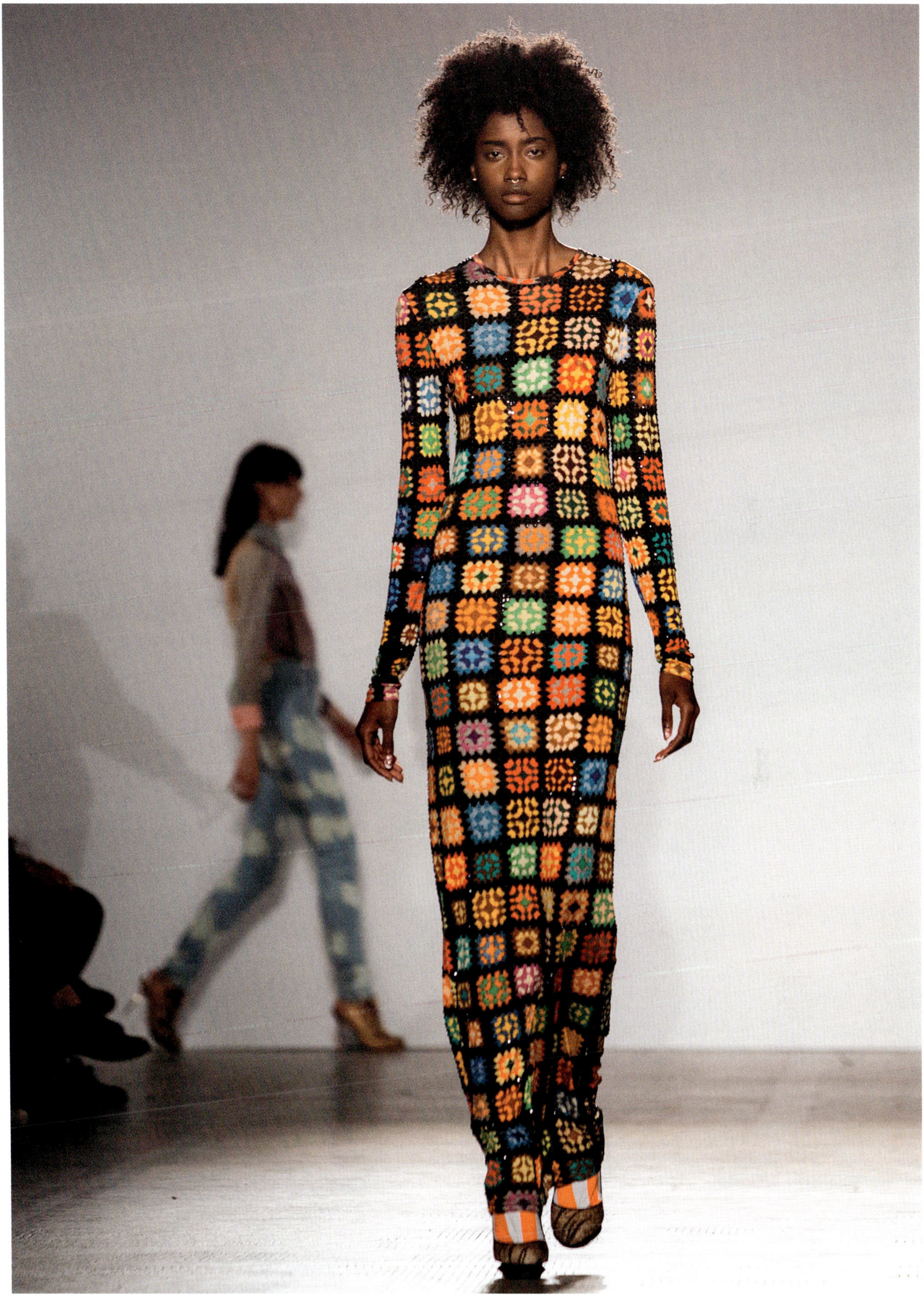

Trend: Granny Squares reloaded

Die Pandemie brachte weltweit die Menschen zurück zur Handarbeit – im Lockdown griffen viele zur Häkelnadel und machten die Erfahrung, wie entspannend der kreative Umgang mit weichem Garn und bunten Mustern ist.

Dazu kommt die wachsende Skepsis gegenüber Fast Fashion. Ungezügelter Konsum auch bei Textilien wird zunehmend kritisch gesehen, Handarbeit ist ein Ausweg und per se nachhaltig. Wer seine Kleidungsstücke selbst herstellt ist stolz und möchte sie möglichst lange tragen.

Der Selbermach-Boom auf Tiktok und Instagram zeigt, wie groß das Interesse auch der jüngeren Generation an Häkeln, Basteln, Knüpfen, Stricken, Nähen & Co. ist. Granny Squares machen den Einstieg einfach, da sie so simpel zu häkeln sind und so vielseitig zu nutzen.

Und so tauchen sie seit 2019 wieder überall auf. Nicht nur auf den Laufstegen, auch die Streetstyles schwelgen in Häkellooks. Dabei wird das klassische Häkelquadrat ständig weiterentwickelt. Das einfache Muster wird auch in Reihen gehäkelt, die Formen sind schon lange nicht mehr nur quadratisch – Drei-, Sechs-, Achtecke, Kreise – die Kombination aus Dreiergruppen von Stäbchen um Luftmaschen der Vorreihe lässt jede Menge Variationen zu.

Es zeichnet sich eine Trendwende ab: Handarbeit wird endgültig von leicht altbacken zu megacool. Dazu tragen auch Influencer bei wie zum Beispiel Ella Emhoff, Stieftocher von Kamala Harris, die ihre Vorliebe für Strick- und Häkelmode mit ihren Followern teilt. Beim amerikanischen Coachella-Festival sind Häkeltops das It-Piece der kreativen Party-Gemeinde. Und die Designer greifen den Trend begierig auf, Granny Squares und ihre wilden, verspielten oder lustigen Neuinterpretationen sind von Mailand über Paris, London und New York überall dabei.

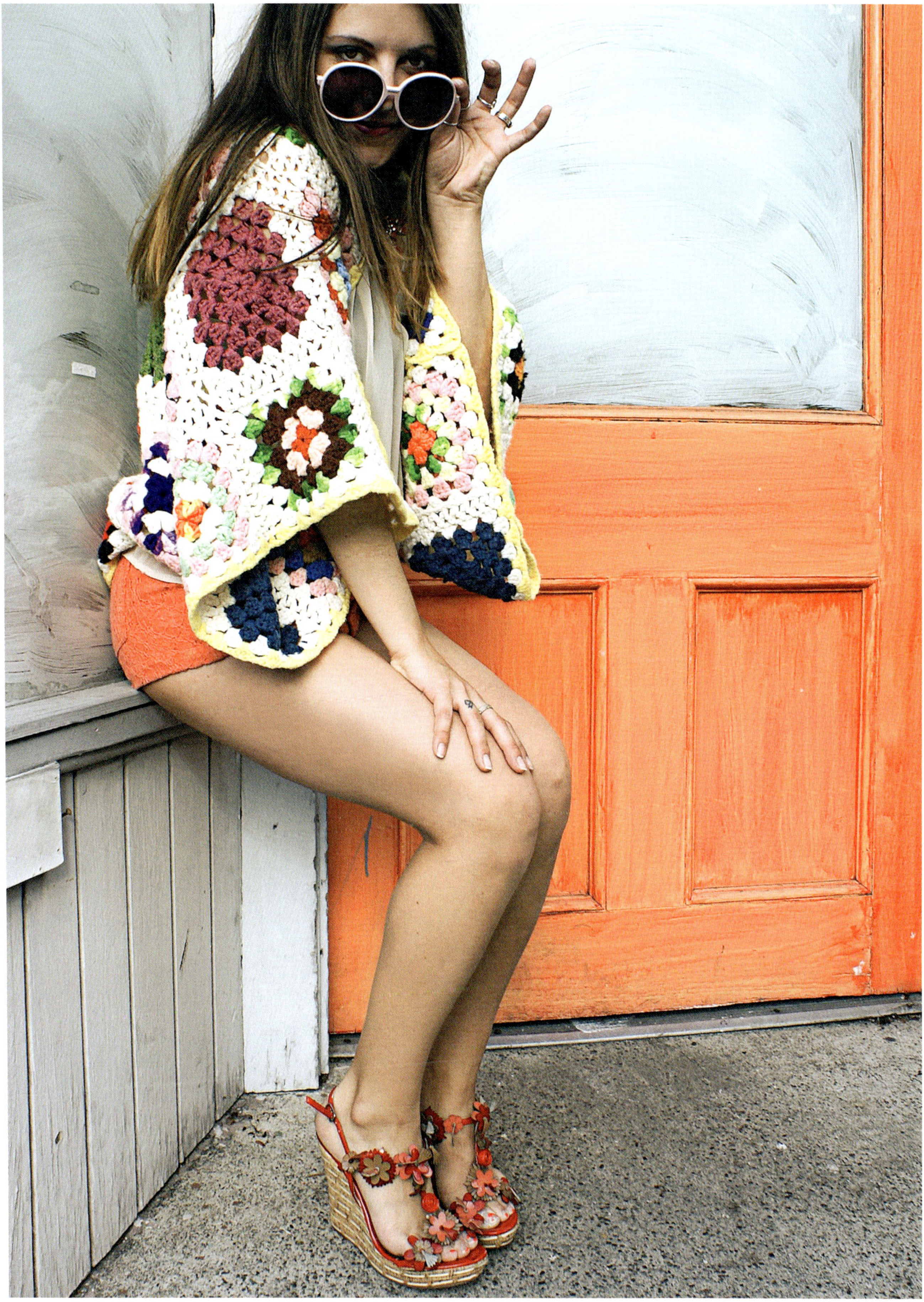

Granny Square Garne

Das allererste Häkelquadrat war aus deutscher Wolle! Könnte man denken, denn „Germantown Wool" war ein Ende des 19. Jahrhunderts sehr populäres Garn in Amerika und 1885 schlug Mrs. Phelps, Urheberin des ersten Grannys, für ihr Crazy Afghan Pattern genau diese Wollart vor. Tatsächlich ist sie aber uramerikanisch und stand nicht für eine bestimmte Art oder Marke, sondern einfach für hochwertige Kammgarnwolle aus Germantown, Pennsylvania.

Doch die Erfolgsgeschichte der Granny Squares beruht gerade auch darauf, dass eigentlich jede Wollart dafür einsetzbar ist. Perfekt, um Wollreste zu nutzen oder Garne von ausgedienten Stricksachen wiederzuverwerten. Nicht nur, dass praktisch jedes Garn für Grannys taugt, es können auch problemlos unterschiedliche Garne kombiniert werden. In puncto Material machen Häkelquadrate fast alles mit.

Seit dem Granny-Hype in den 70er-Jahren hat es allerdings eine stille Revolution gegeben: Während damals gern auch recht kratzige Wollgarne und viel, viel Synthetik verhäkelt wurden, gibt es heute Handstrickgarne (und damit natürlich auch Häkelgarne) in zuvor nie gekannter Qualität. Edelfasern wie feinste Merinowolle, Kaschmir, Seide, Alpaka und Mohair bringen eine Haptik und einen Tragekomfort mit, von denen die Hippies nur träumen konnten. Moderne Spinntechnik und ganz neue Fadenkonstruktionen ermöglichen Leichtigkeit – wichtig, damit Häkelkleidung nicht zu schwer oder steif wird. Und natürlich bringen die neuen Garne auch neue Optiken mit: flauschiger Mohair und kuschelweiches Alpaka lassen duftige, federleichte Maschen entstehen, Volumengarne geben den Quadraten Größe, die neuen Baumwollgarne bringen nicht nur brillante Farben mit, sondern sind auch elastisch, weniger schwer und fließender im Fall.

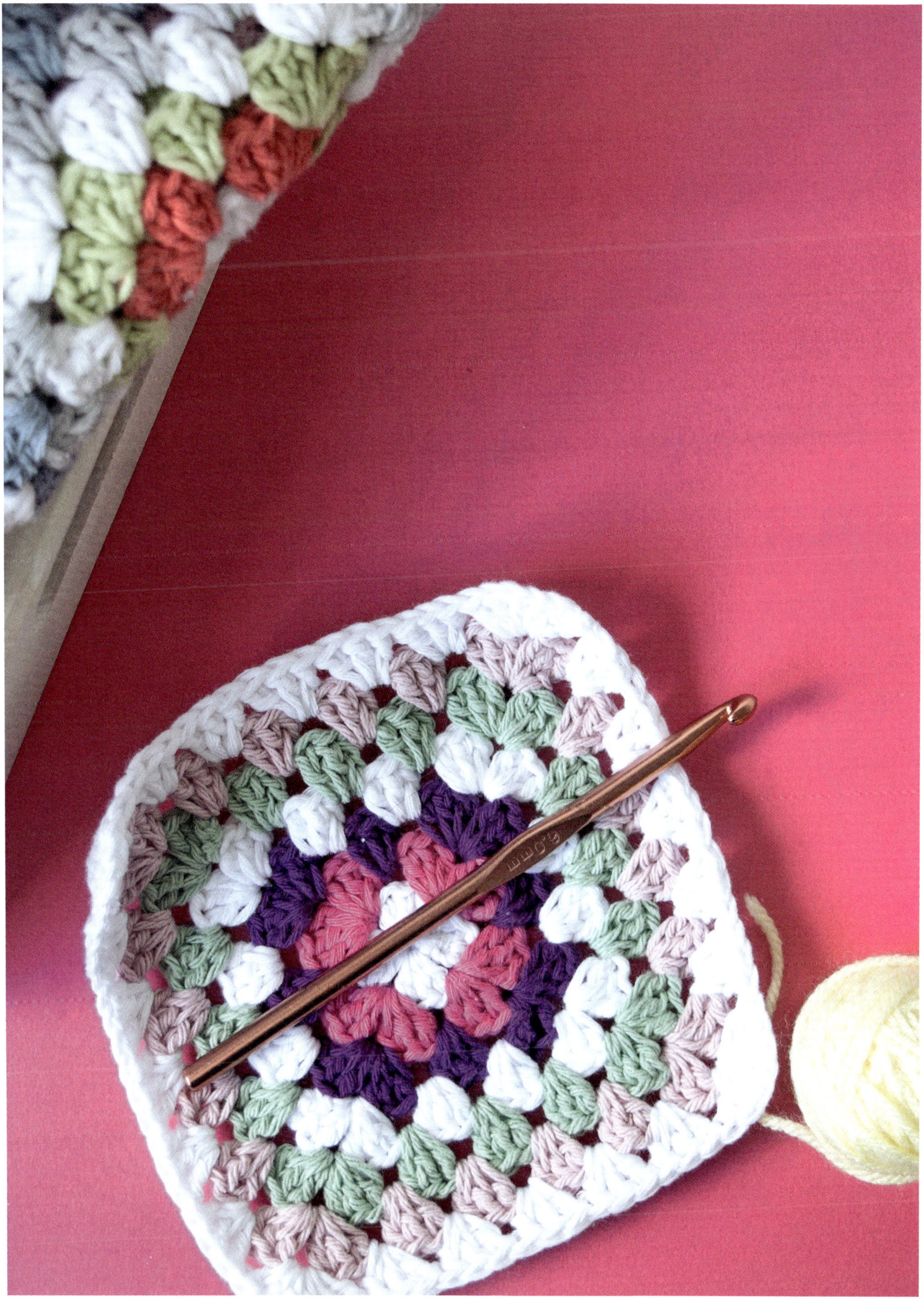

Garn und Größe, Tipps und Tricks

Prinzipiell lassen sich für Grannys alle Garne verwenden, jedoch erscheinen sie mit verschiedenen Garnen natürlich auch unterschiedlich. Häkelt man dasselbe Granny mit gleicher Rundenzahl, dann fällt es umso kleiner aus, je dünner das Garn und je kleiner die Häkelnadeln ist, und entsprechend umso größer, je gröber das Garn und je dicker die verwendete Häkelnadel ist.

Durch die Wahl des Materials und der Stärke der Häkelnadel kann das Granny entweder fest und steif werden oder auch locker und luftig. Baumwollgarne haben die Tendenz nach dem Häkeln eher steif zu erscheinen, bei Woll- oder Fantasiegarnen ist das nicht so. Für Bekleidung ist es besser, locker und luftig zu häkeln, damit der Pulli oder die Jacke auch schön fällt. Dagegen kann es für manche Accessoires, wie zum Beispiel Wohndeko gerade gewünscht sein, dass das Modell mit einem gewissen Stand die Wohnung dekoriert.

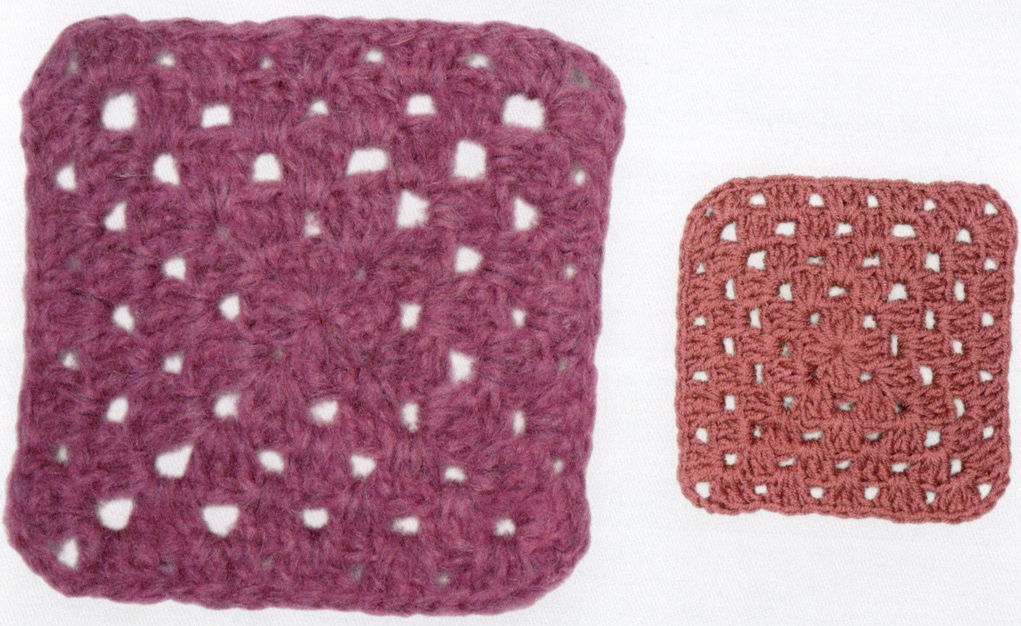

GRÖSSE UND FORM

Die Größe eines Grannys kann auf unterschiedliche Weise variiert werden. Natürlich in dem man einfach mehr Runden häkelt. Da kann es aber passieren, dass der Pulli oder das Top dann vielleicht zu weit oder zu eng wird, da sich durch das Aneinanderreihen mehrerer Grannys die Zu- oder Abnahmen gleich mehrfach aufaddieren.

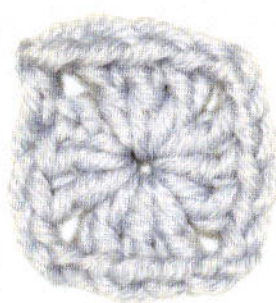

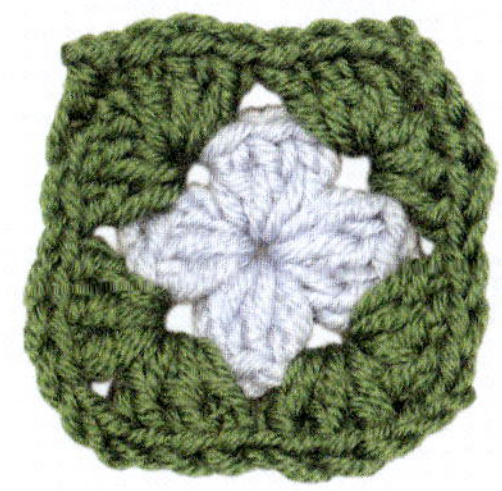

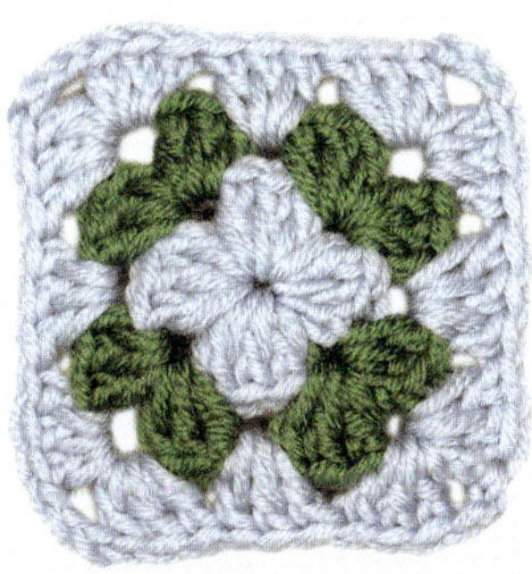

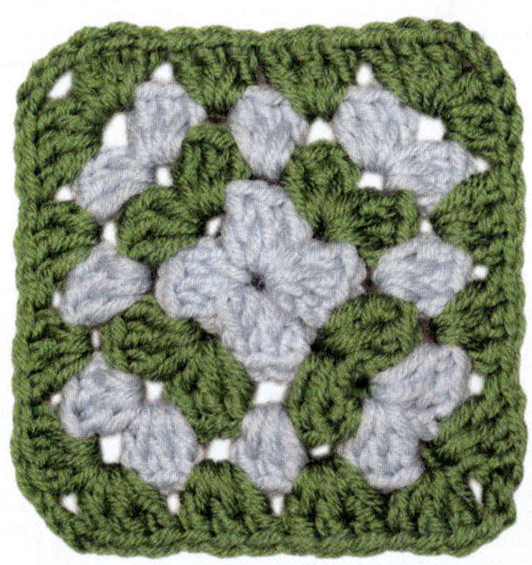

Um feiner justieren zu können, können zum Beispiel „kleinere" Runden aus festen Maschen abschließend um das Granny gehäkelt werden. Dies ist zum Beispiel wichtig, wenn ein anderes Garn als das Originalmodell verwendet wird.

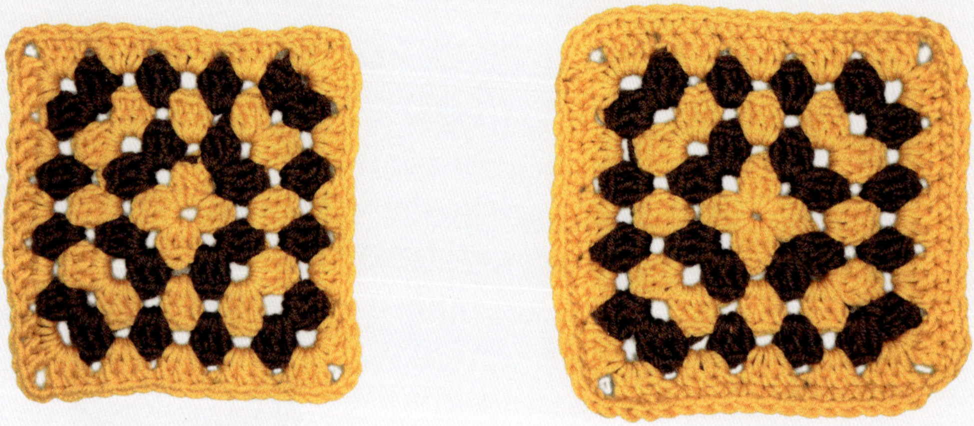

Ein Granny kann neben dem ursprünglichen Quadrat auch in einer anderen Form gearbeitet werden. Ich verwende in diesem Buch zusätzlich auch Dreiecke und Rechtecke. Mit diesen 3 geometrischen Formen werden alle Schnitte bzw. Formen erstellt.

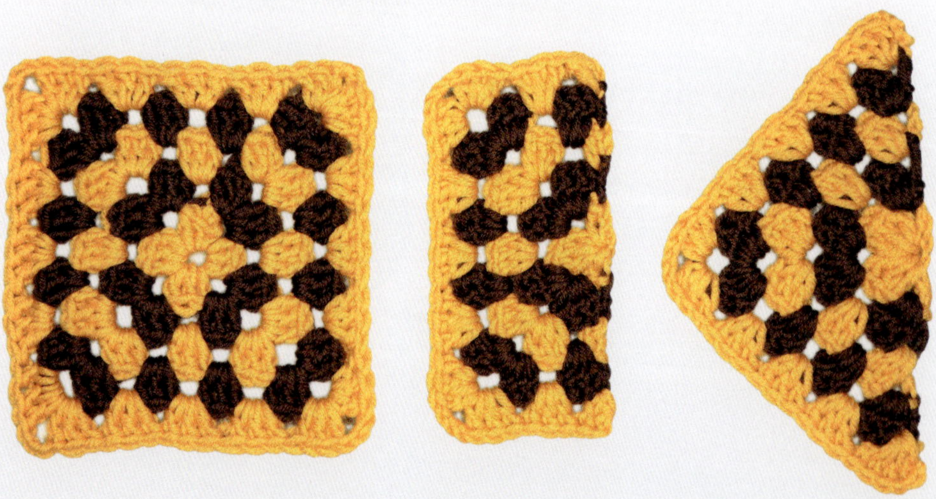

ZUSAMMENNÄHEN ODER -HÄKELN

Für das Zusammennähen habe ich bei den Modellen dieses Buches den Überwendlichstich gewählt. Mit diesem erzielt man eine flache, fast unsichtbare Naht. Selbstverständlich gehen auch andere Arten des Zusammennähens oder -häkelns. Zur Formgebung der Tasche zum Beispiel wurden die einzelnen Teile mit 1 Reihe fester Maschen zusammengehäkelt, dadurch erhält die Tasche zusätzlichen Stand.

TIPPS UND TRICKS

Für einen schönen Rundenübergang habe ich die Runde nicht wie meist üblich mit 1 Kettmasche geschlossen, sondern mit einem halben Stäbchen. Dadurch sind am Rundenanfang keine weiteren Kettmaschen nötig, um zum eigentlichen Startpunkt der Runde zu kommen.

Um sich das Vernähen der Fäden zu ersparen, können die Fadenende beim Häkeln sofort „versteckt" werden. Dafür einfach das Fadenende oder gegebenenfalls auch die Fadenenden parallel zur Arbeit legen und die Maschen nicht nur um die Arbeit, sondern auch um die Fadenenden arbeiten.

Um einen schönen Farbübergang bei mehrfarbigen Grannys zu erreichen, das letzte Abmaschen vor dem Farbwechsel immer schon in der neuen Farbe arbeiten.

Granny Quadrat

SO WIRD'S GEMACHT

1. Runde: Um einen verstellbaren Fadenring (= Magic Loop) 3 Steige-Luftmaschen, 2 Stäbchen, 3x [2 Luftmaschen, 3 Stäbchen], 1 halbes Stäbchen in die 3. Steige-Luftmasche häkeln. Dann den Fadenring festziehen.

2. Runde: (3 Steige-Luftmaschen, 2 Stäbchen) in das halbe Stäbchen der unteren Runde, 3x [(3 Stäbchen, 3 Luftmaschen, 3 Stäbchen) um den Luftmaschenbogen der unteren Runde], 3 Stäbchen in das halbe Stäbchen der unteren Runde, 1 halbes Stäbchen in die 3. Steige-Luftmasche.

3. Runde: (3 Steige-Luftmaschen, 2 Stäbchen) in das halbe Stäbchen der unteren Runde, 3x [3 Stäbchen in die Lücke zwischen 2 Stäbchenbündel, (3 Stäbchen, 3 Luftmaschen, 3 Stäbchen) um den Luftmaschenbogen der unteren Runde], 3 Stäbchen in die Lücke zwischen 2 Stäbchenbündel, 3 Stäbchen in das halbe Stäbchen der unteren Runde, 1 halbes Stäbchen in die 3. Steige-Luftmasche.

4. Runde: (3 Steige-Luftmaschen, 2 Stäbchen) in das halbe Stäbchen der unteren Runde, 2x (3 Stäbchen in die Lücke zwischen 2 Stäbchenbündel), 3x [(3 Stäbchen, 3 Luftmaschen, 3 Stäbchen) um den Luftmaschenbogen der unteren Runde, 2x (3 Stäbchen in die Lücke zwischen 2 Stäbchenbündel)], 3 Stäbchen in das halbe Stäbchen der unteren Runde, 1 halbes Stäbchen in die 3. Steige-Luftmasche.

5. Runde: (3 Steige-Luftmaschen, 2 Stäbchen) in das halbe Stäbchen der unteren Runde, 3x (3 Stäbchen in die Lücke zwischen 2 Stäbchenbündel), 3x [(3 Stäbchen, 3 Luftmaschen, 3 Stäbchen) um den Luftmaschenbogen der unteren Runde, 3x (3 Stäbchen in die Lücke zwischen 2 Stäbchenbündel)], 3 Stäbchen in das halbe Stäbchen der unteren Runde, mit 3 Luftmaschen und 1 Kettmasche in die 3. Steige-Luftmasche zur Runde schließen.

Hinweis: Das Granny-Quadrat lässt sich nach Belieben vergrößern, in dem mit jeder weiteren Runde nach demselben Prinzip 1 Stäbchenbündel pro Seite mehr zwischen die Stäbchenbündel der unteren Runde gehäkelt werden. Die letzte Runde schließen, wie für die 5. Runde beschrieben.

Tipp: Farbwechsel für einen schönen Übergang bereits vor dem Abmaschen des halben Stäbchens am Rundenende vornehmen.

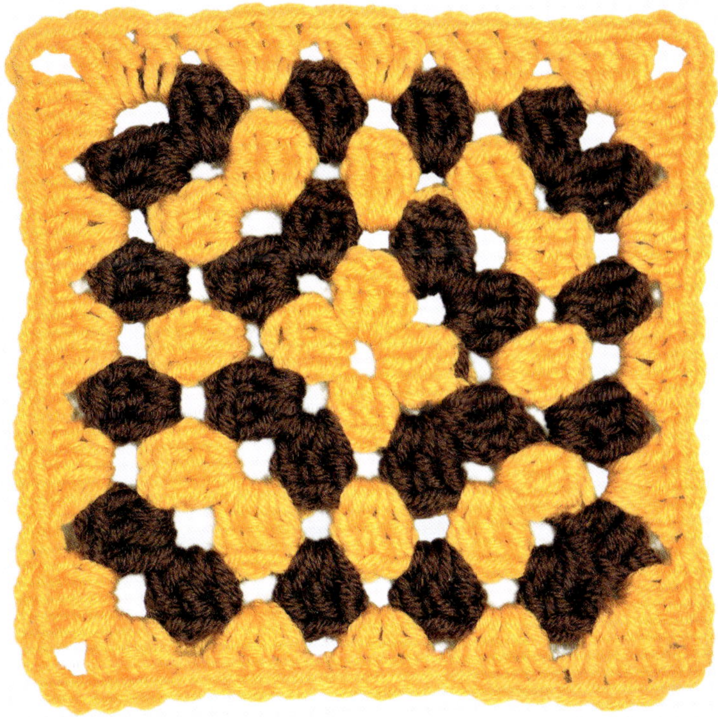

Häkelschrift

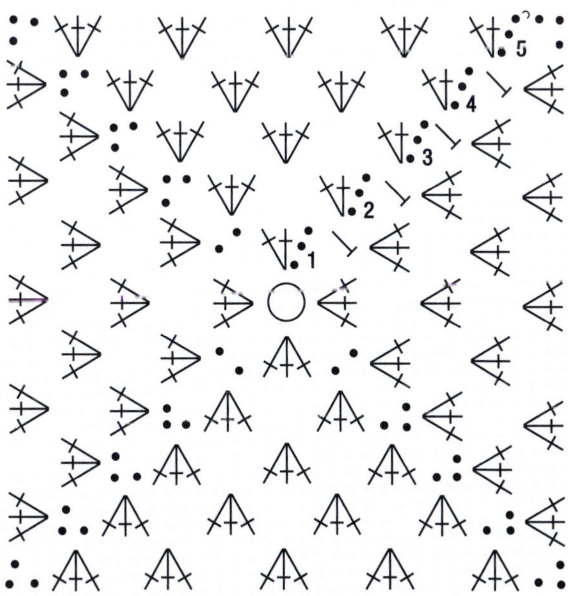

Zeichenerklärung

- ● = 1 Luftmasche
- ᑦ = 1 Kettmasche
- T = 1 halbes Stäbchen
- † = 1 Stäbchen

Granny Dreieck

SO WIRD'S GEMACHT

1. Reihe: Um einen verstellbaren Fadenring (= Magic Loop) 4 Luftmaschen, 3 Stäbchen, 2 Luftmaschen, 3 Stäbchen, 1 Luftmasche, 1 Stäbchen häkeln. Dann den Fadenring festziehen.

2. Reihe: 4 Wende-Luftmaschen in das Stäbchen der unteren Reihe, 3 Stäbchen um die folgenden Luftmaschen (3 Stäbchen, 3 Luftmaschen, 3 Stäbchen) um den Luftmaschenbogen der unteren Reihe, (3 Stäbchen, 1 Luftmasche, 1 Stäbchen) um die Wende-Luftmaschen der unteren Reihe.

3. Reihe: 4 Wende-Luftmaschen in das Stäbchen der unteren Reihe, 3 Stäbchen um die folgenden Luftmaschen, 3 Stäbchen in die Lücke zwischen 2 Stäbchenbündel, (3 Stäbchen, 3 Luftmaschen, 3 Stäbchen) um den Luftmaschenbogen der unteren Reihe, 3 Stäbchen in die Lücke zwischen 2 Stäbchenbündel, (3 Stäbchen, 1 Luftmasche, 1 Stäbchen) um die Wende-Luftmaschen der unteren Reihe.

4. Reihe: (4 Wende-Luftmaschen in das Stäbchen der unteren Reihe, 3 Stäbchen um die folgenden Luftmaschen, 2x (3 Stäbchen in die Lücke zwischen 2 Stäbchenbündel), (3 Stäbchen, 3 Luftmaschen, 3 Stäbchen) um den Luftmaschenbogen der unteren Reihe, 2x (3 Stäbchen in die Lücke zwischen 2 Stäbchenbündel), (3 Stäbchen, 1 Luftmasche, 1 Stäbchen) um die Wende-Luftmaschen der unteren Reihe.

5. Reihe: 4 Wende-Luftmaschen in das Stäbchen der unteren Reihe, 3 Stäbchen um die folgenden Luftmaschen, 3x (3 Stäbchen in die Lücke zwischen 2 Stäbchenbündel), (3 Stäbchen, 3 Luftmaschen, 3 Stäbchen) um den Luftmaschenbogen der unteren Reihe, 3x (3 Stäbchen in die Lücke zwischen 2 Stäbchenbündel), (3 Stäbchen, 1 Luftmasche, 1 Stäbchen) um die Wende-Luftmaschen der unteren Reihe.

Hinweis: Das Granny-Dreieck lässt sich nach Belieben vergrößern, in dem mit jeder weiteren Reihe nach demselben Prinzip 1 Stäbchenbündel pro Seite mehr zwischen die Stäbchenbündel der unteren Reihe gehäkelt werden.

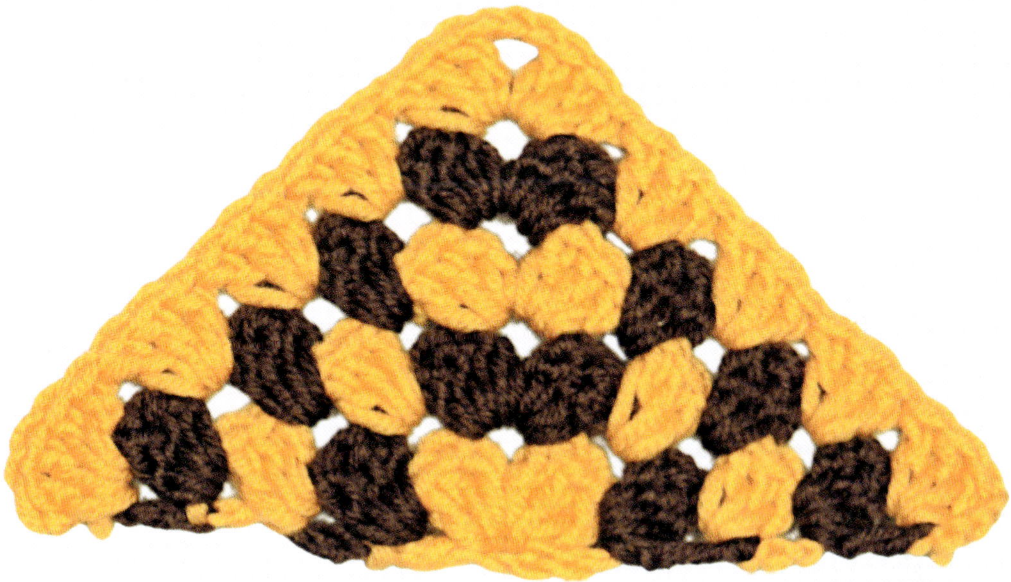

Häkelschrift

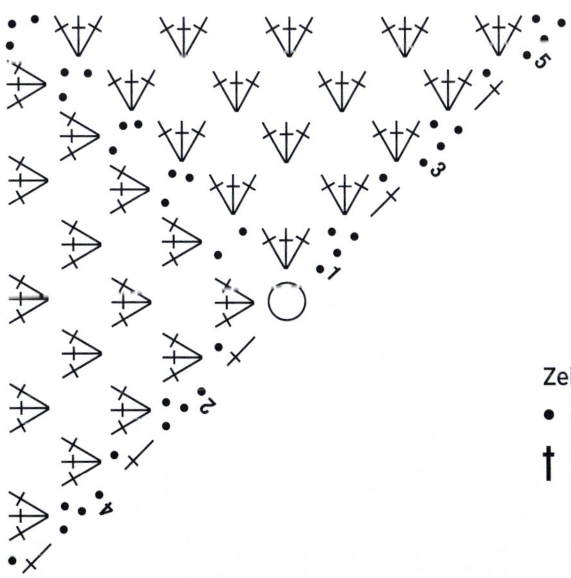

Zeichenerklärung

- • = 1 Luftmasche
- † = 1 Stäbchen

Granny Rechteck

SO WIRD'S GEMACHT

1. Reihe: Um einen verstellbaren Fadenring (= Magic Loop) 3 Luftmaschen, 1 Stäbchen, 2 Luftmaschen, 3 Stäbchen, 2 Luftmasche, 2 Stäbchen häkeln. Dann den Fadenring festziehen.
2. Reihe: 3 Wende-Luftmaschen, 2x [(3 Stäbchen, 3 Luftmaschen, 3 Stäbchen) um den Luftmaschenbogen der unteren Reihe], 1 Stäbchen in die 3. Wende-Luftmaschen der unteren Reihe.
3. Reihe: (3 Wende-Luftmaschen, 1 Stäbchen) in das Stäbchen der unteren Reihe, (3 Stäbchen, 3 Luftmaschen, 3 Stäbchen) um den Luftmaschenbogen der unteren Reihe, 3 Stäbchen in die Lücke zwischen 2 Stäbchenbündel, (3 Stäbchen, 3 Luftmaschen, 3 Stäbchen) um den Luftmaschenbogen der unteren Reihe, 2 Stäbchen in die 3. Wende-Luftmasche der unteren Reihe.
4. Reihe: 3 Wende-Luftmaschen, 2x [3 Stäbchen in die Lücke zwischen 2 Stäbchenbündel, (3 Stäbchen, 3 Luftmaschen, 3 Stäbchen) um den Luftmaschenbogen der unteren Reihe, 3 Stäbchen in die Lücke zwischen 2 Stäbchenbündel], 1 Stäbchen in die 3. Wende-Luftmaschen der unteren Reihe.
5. Reihe: (3 Wende-Luftmaschen, 1 Stäbchen) in das Stäbchen der unteren Reihe, 3 Stäbchen in die Lücke zwischen 2 Stäbchenbündel, (3 Stäbchen, 3 Luftmaschen, 3 Stäbchen) um den Luftmaschenbogen der unteren Reihe, 3x [3 Stäbchen in die Lücke zwischen 2 Stäbchenbündel], (3 Stäbchen, 3 Luftmaschen, 3 Stäbchen) um den Luftmaschenbogen der unteren Reihe, 3 Stäbchen in die Lücke zwischen 2 Stäbchenbündel, 2 Stäbchen in die 3. Wende-Luftmasche der unteren Reihe.

Hinweis: Das Granny-Rechteck lässt sich nach Belieben vergrößern, in dem mit jeder weiteren Reihe nach demselben Prinzip 1 Stäbchenbündel pro Seite mehr zwischen die Stäbchenbündel der unteren Reihe gehäkelt werden.

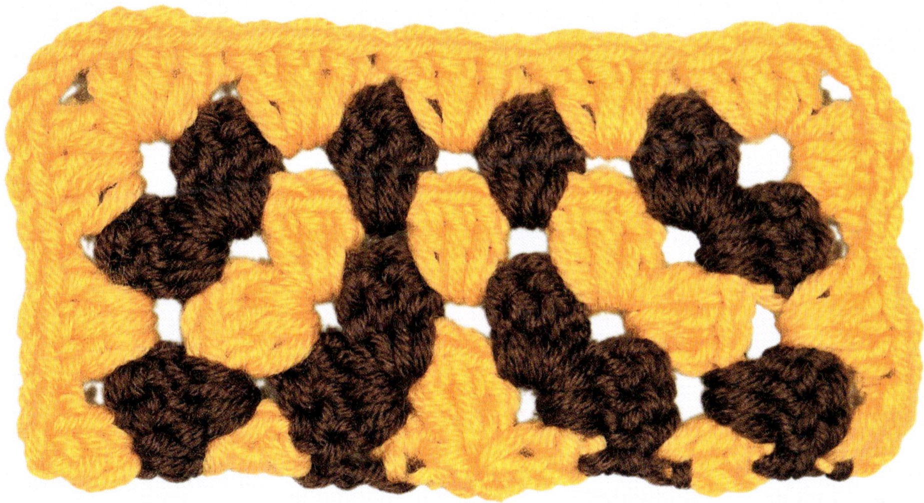

Häkelschrift

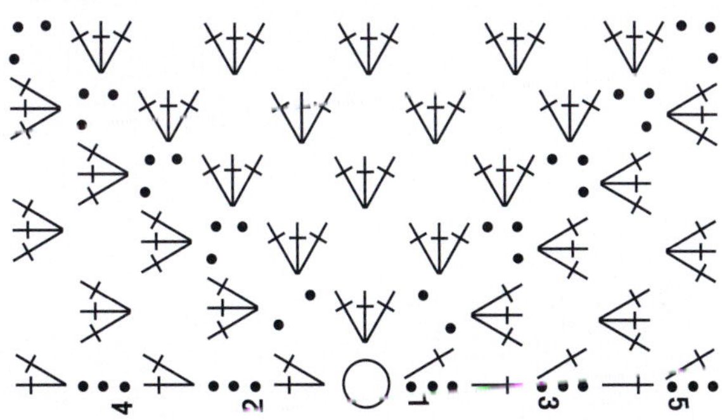

Zeichenerklärung

● = 1 Luftmasche

† = 1 Stäbchen

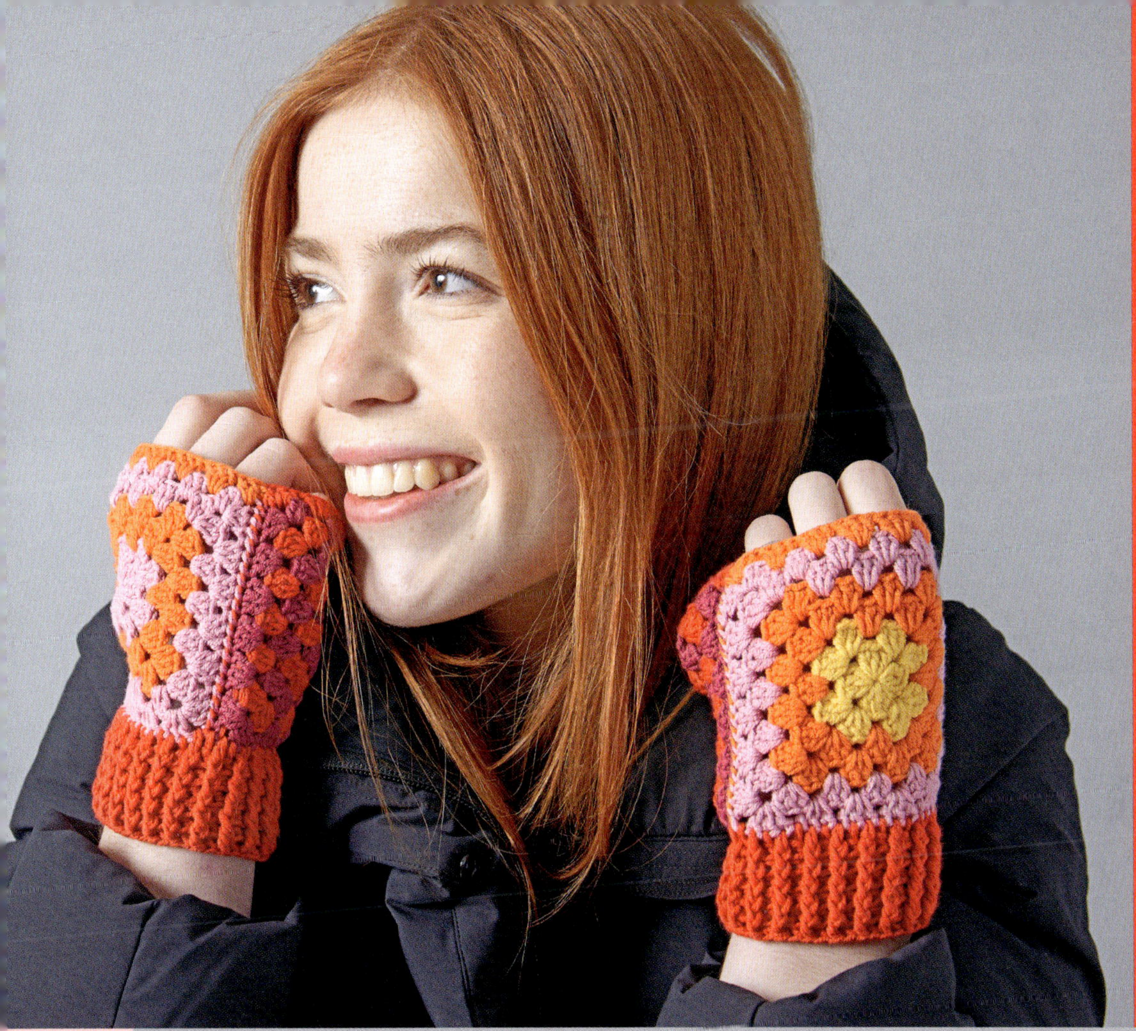

Modelle

Jacke Grit

GRÖẞE

36/38, 40/42 und 44/46
Die Angaben für die größere Größe stehen hintereinander in Klammern. Steht nur eine Angabe, so gilt diese für alle Größen.

MATERIAL

Junghans-Wolle Cotonia II (100 % Baumwolle, LL = 135 m/50 g): 250 (350/450) g Weiß (Fb 111-134), je 100 (200/400) Lavendel (Fb 111-125) und Dunkelgrün (Fb 130-993) und je 100 (200/300) g Pastellpink (Fb 118-446), Mint (Fb 118-443) und Sand (Fb 111-131); Häkelnadel 3,5 mm.

MUSTER

Häkelquadrat: 4 Runden nach der Häkelschrift auf Seite 36 und 37 arbeiten. Die 1. Runde um einen verstellbaren Fadenring arbeiten (= Magic Loop). Für einen schönen Übergang bereits vor dem Abmaschen des halben Stäbchens am Rundenende den Farbwechsel vornehmen. Die letzte Runde wie bei der gezeichneten 5. Runde zur Runde schließen.

Farbfolge Dunkelpetrol: 1 Runde Pastellpink, 1 Runde Mint, 1 Runde Dunkelgrün, 1 Runde Weiß.

Farbfolge Lavendel: 1 Runde Pastellpink, 1 Runde Sand, 1 Runde Lavendel, 1 Runde Weiß.

MASCHENPROBEN

1 Quadrat über 4 Runden = 8 cm x 8 cm.

SO WIRD'S GEMACHT

Je 55 (85/103) Quadrate pro Farbfolge häkeln.

FERTIGSTELLEN

Die Quadrate dem Schnitt entsprechend von rechts in Weiß mit Überwendlichstichen um die hinten liegenden Maschenglieder der letzten Runde zusammennähen, dabei die Farbfolgen immer versetzt aneinanderlegen. Dann die Schulternähte schließen. Die Ärmel einsetzen und die Ärmelnähte schließen. Den äußeren Jackenrand und die unteren Ärmelränder je mit 1 Runde feste Maschen in Weiß umhäkeln, dabei in die Ecken entweder 3 feste Maschen oder 3 zusammen abgemaschte feste Maschen arbeiten.

TIPP Um sich das Vernähen der Fäden zu ersparen, diese gleich beim Häkeln auf der Rückseite mitlaufen lassen und umhäkeln.

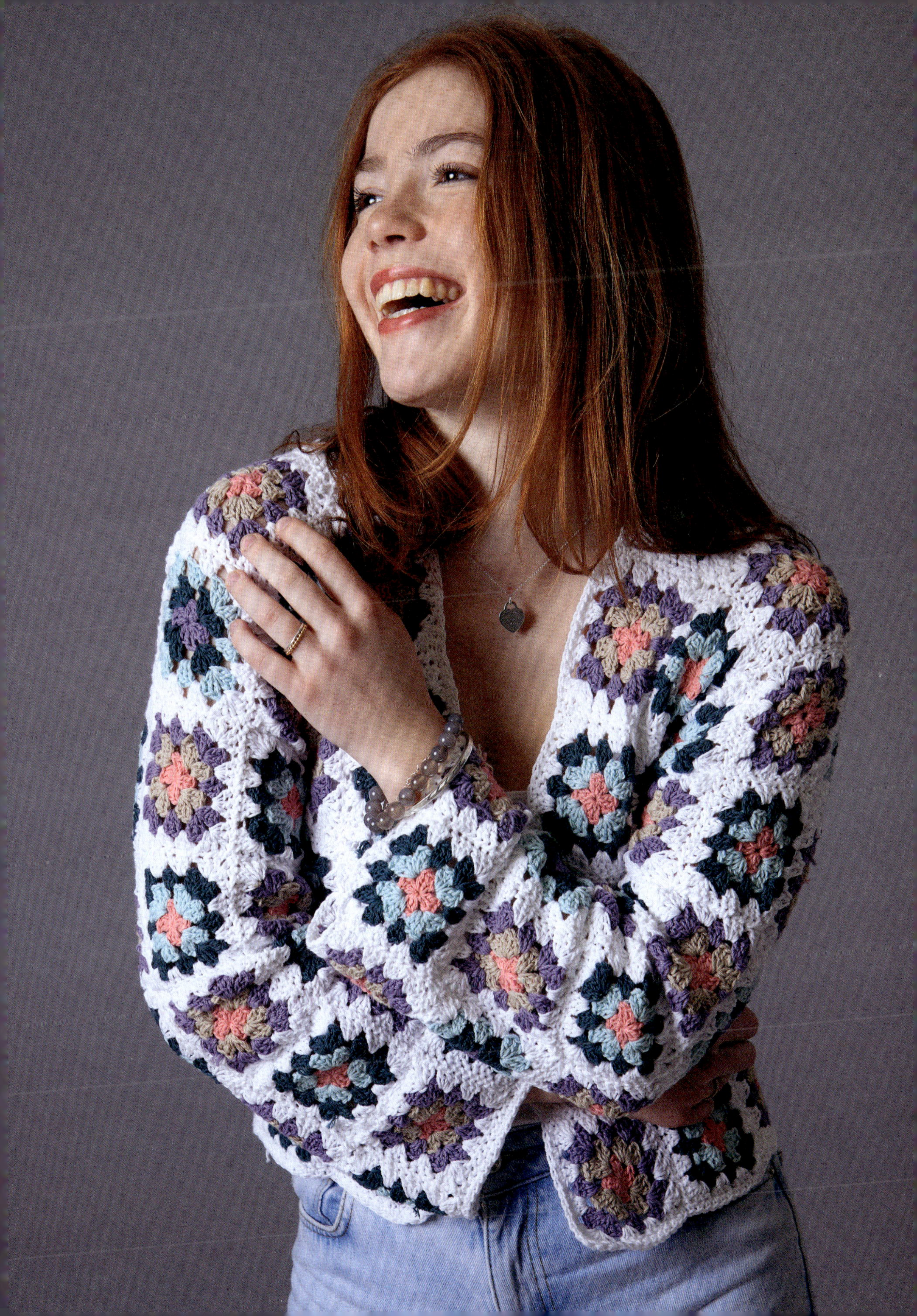

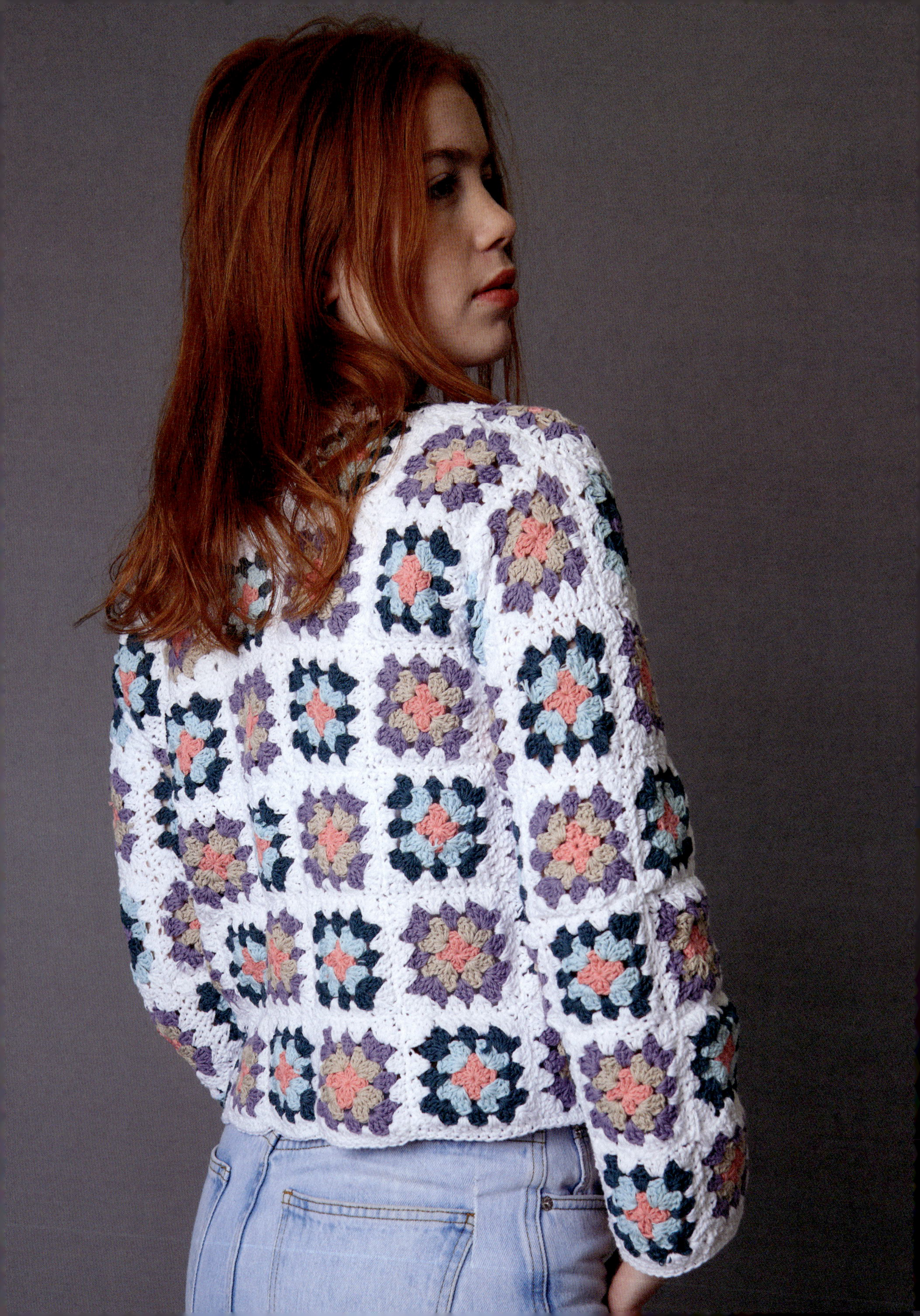

Vorder- und Rückenteil

Ärmel

Schnitt Größe 36/38

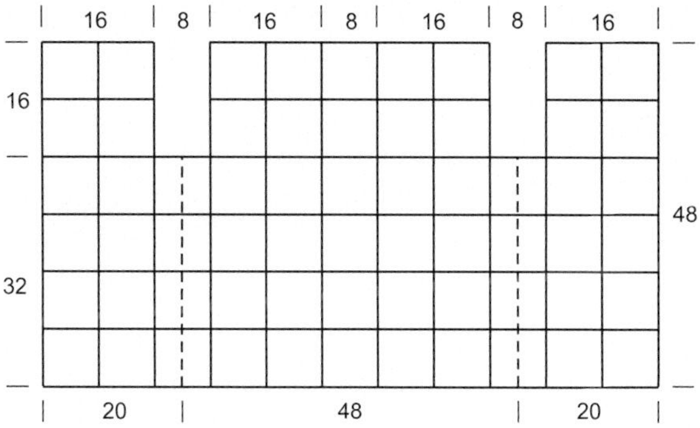

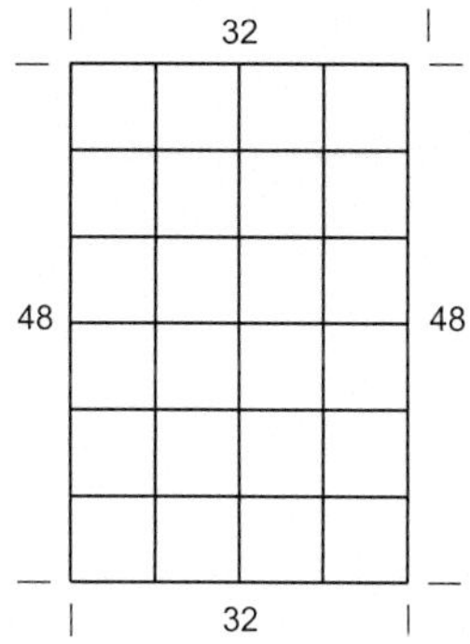

Schnitt Größe 40/42

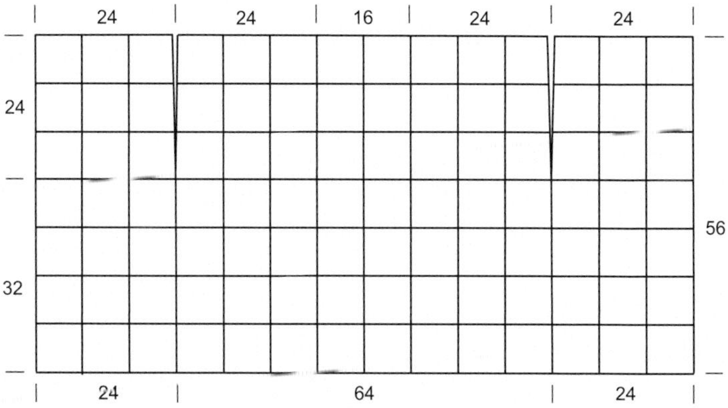

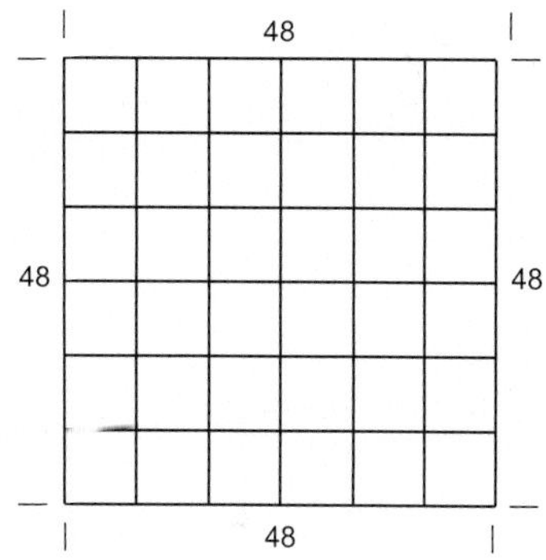

Schnitt Größe 44/46

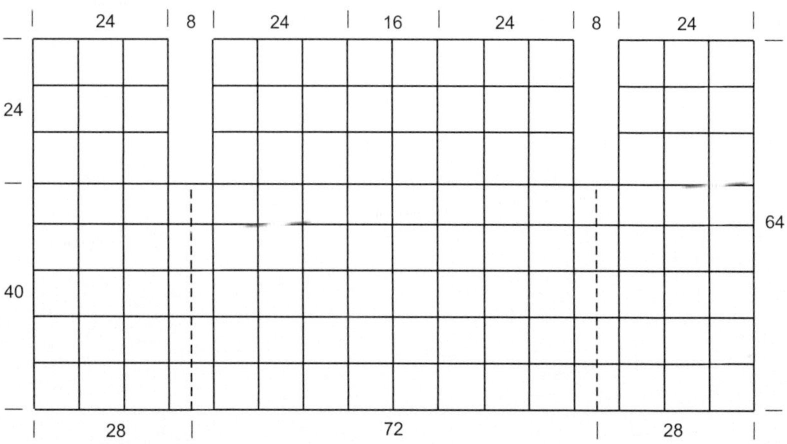

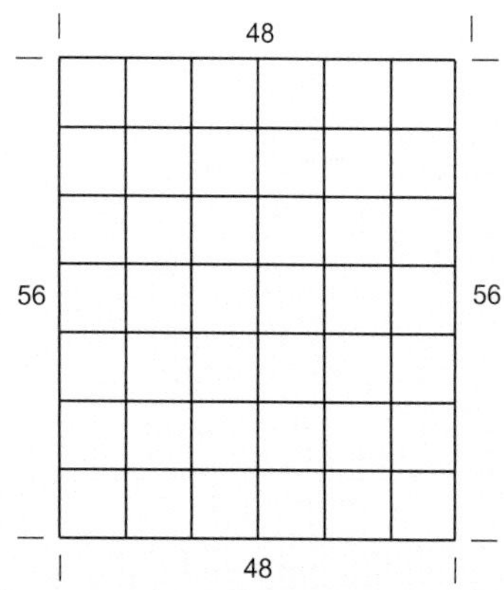

Kapuzenjacke Svenja

GRÖẞE

36/38, 40/42 und 44/46
Die Angaben für die größere Größe stehen hintereinander in Klammern. Steht nur eine Angabe, so gilt diese für alle Größen.

MATERIAL

Lana Grossa Cool Wool Big (100 % Schurwolle, LL = 120 m/50 g): 350 (400/450) g Rohweiß (Fb 601), je 200 (250/300) g Himmelblau (Fb 946) und Blattgrün (Fb 997), 150 (200/250) g Schokobraun (Fb 987), je 100 (150/200) g Tintenblau (Fb 992), Karminrot (Fb 648) und Nachtblau (Fb 630) und 50 (100/150) g Safrangelb (Fb 986); Häkelnadel 3,5 mm.

MUSTER

Häkelquadrat: 7 (8/9) Runden nach der Häkelschrift auf Seite 36 und 37 arbeiten. Die 1. Runde um einen verstellbaren Fadenring arbeiten (= Magic Loop). Für einen schönen Übergang bereits vor dem Abmaschen des halben Stäbchens am Rundenende den Farbwechsel vornehmen. Die letzte Runde wie bei der gezeichneten 5. Runde zur Runde schließen.

Häkelrechteck: 7 (8/9) Reihen nach der Häkelschrift auf Seite 40 und 41 arbeiten. Die 1. Runde um einen verstellbaren Fadenring arbeiten (= Magic Loop).

Farbfolge: Die ersten 6 (7/8) Runden/Reihen wie gewünscht, die letzte Runde/Reihe in Rohweiß arbeiten.

MASCHENPROBEN

1 Quadrat über 7 Runden = 15 cm x 15 cm.
1 Quadrat über 8 Runden = 17 cm x 17 cm.
1 Quadrat über 9 Runden = 19 cm x 19 cm.

SO WIRD'S GEMACHT

53 Quadrate und 8 Rechtecke in der Farbfolge häkeln.

FERTIGSTELLEN

Die Quadrate und Rechtecke dem Schnitt entsprechend von rechts in Rohweiß mit Überwendlichstichen um die hinteren Maschenglieder der letzten Runde zusammennähen. Zum besseren Verständnis sind die Rechtecke im Schnitt grau hinterlegt. Dann die Schulternähte schließen (siehe Passzeichen a bis b). Die Ärmel einsetzen (siehe Passzeichen a bis c) und die Ärmelnähte schließen. Dann die obere Kapuzennähte schließen (siehe Passzeichen d auf d und e auf e) und die Kapuze einsetzen (siehe Passzeichen f über b bis f).

TIPP Um sich das Vernähen der Fäden zu ersparen, diese gleich beim Häkeln auf der Rückseite mitlaufen lassen und umhäkeln.

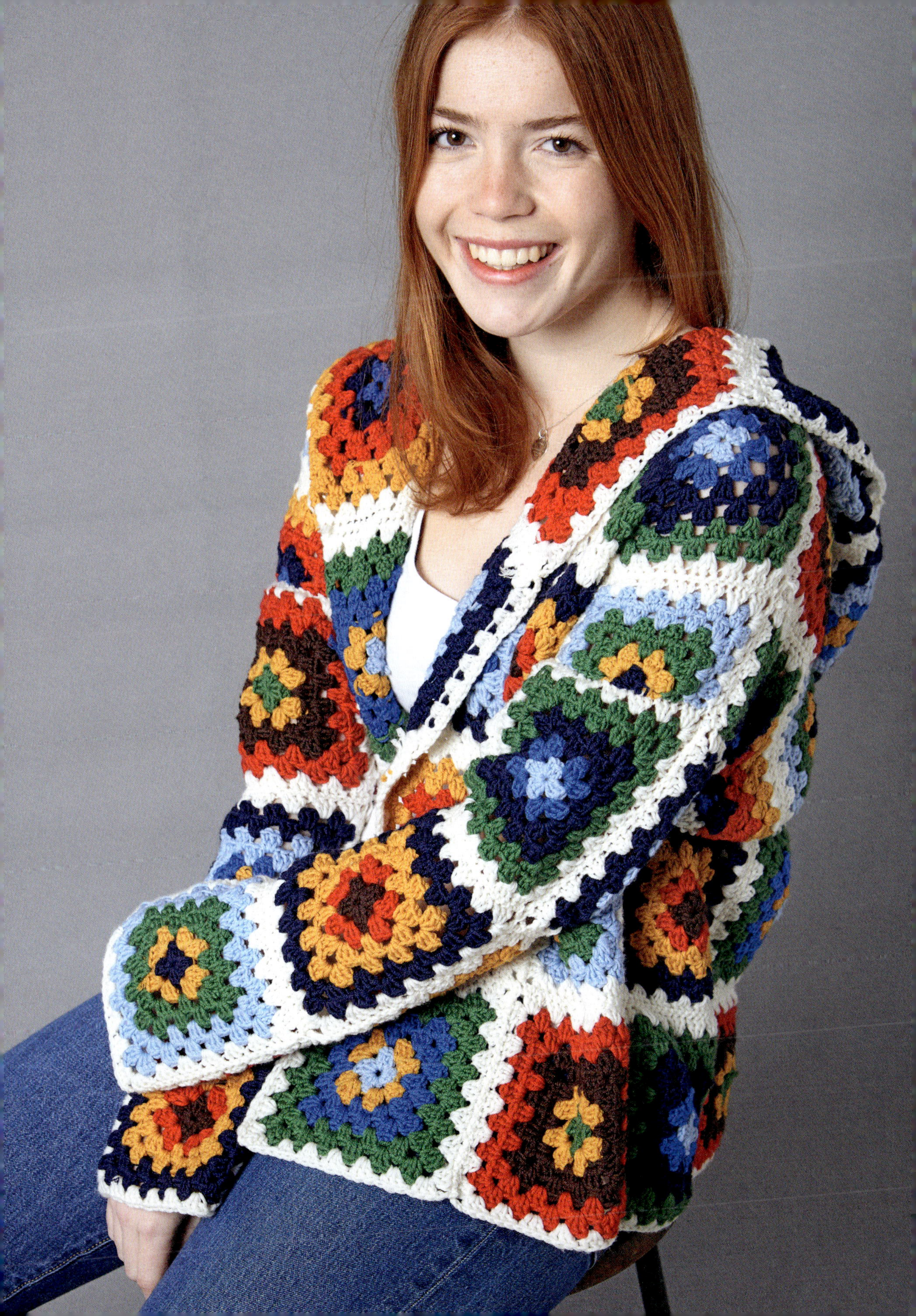

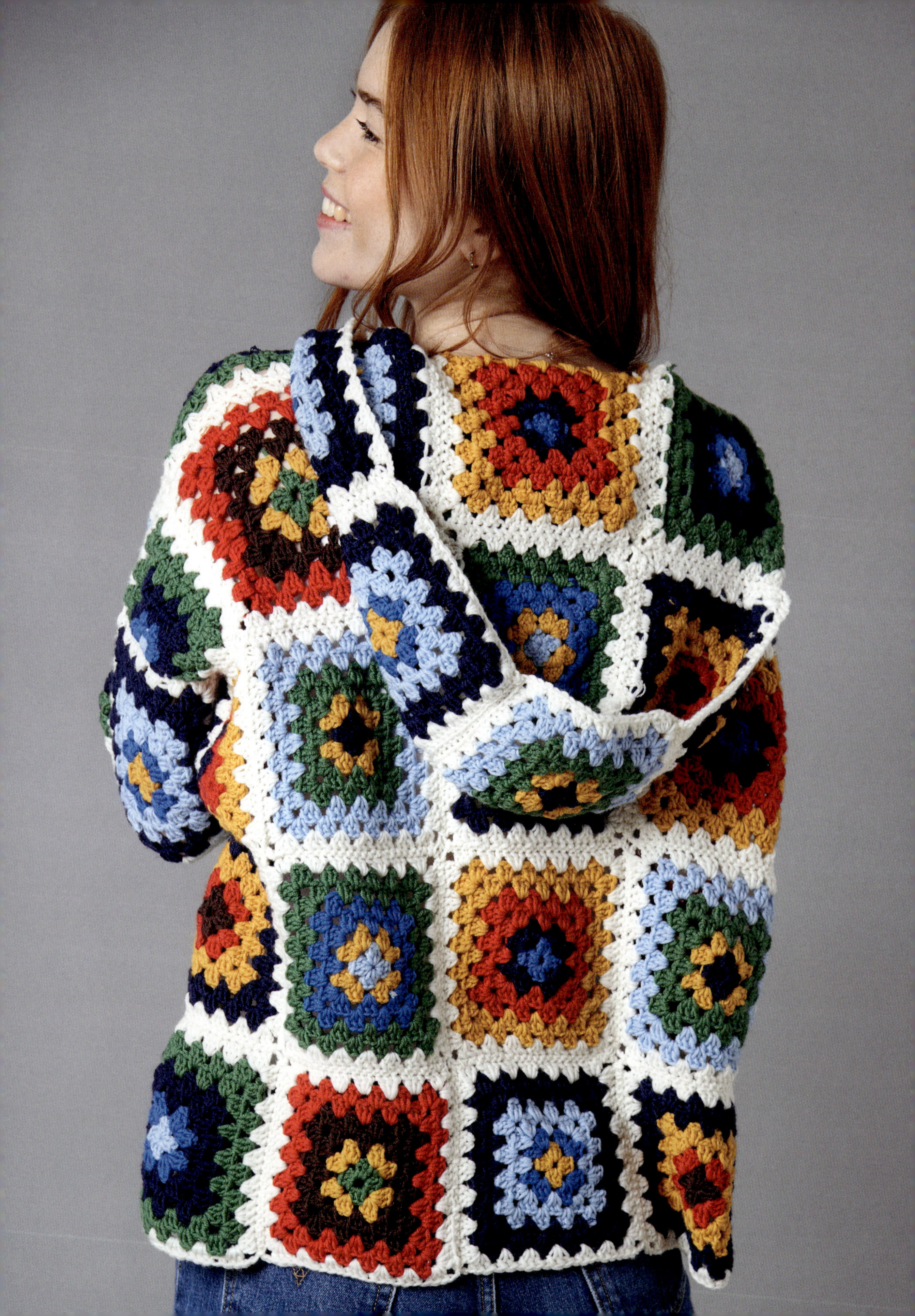

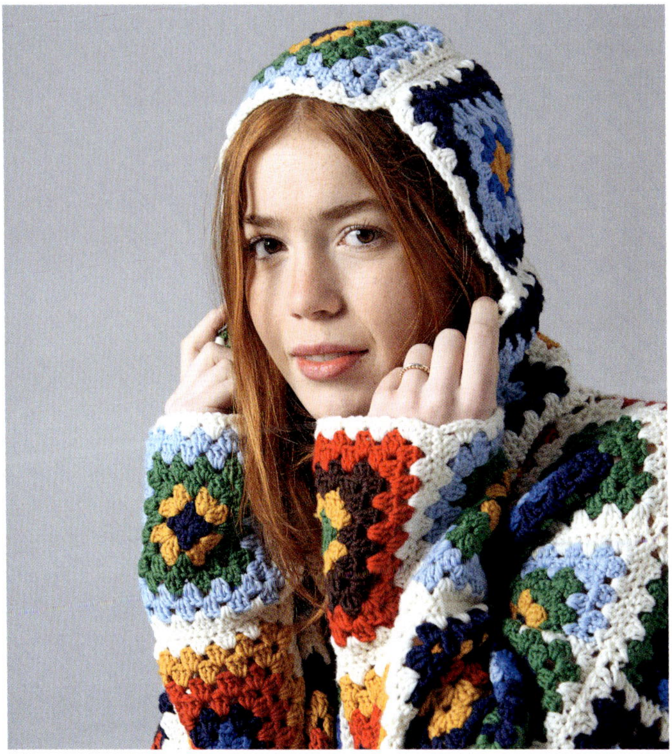

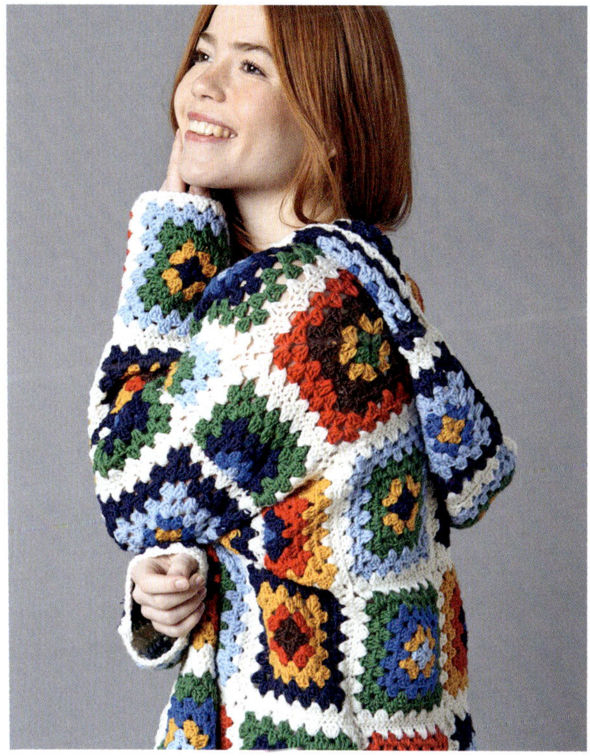

Vorder- und Rückenteil

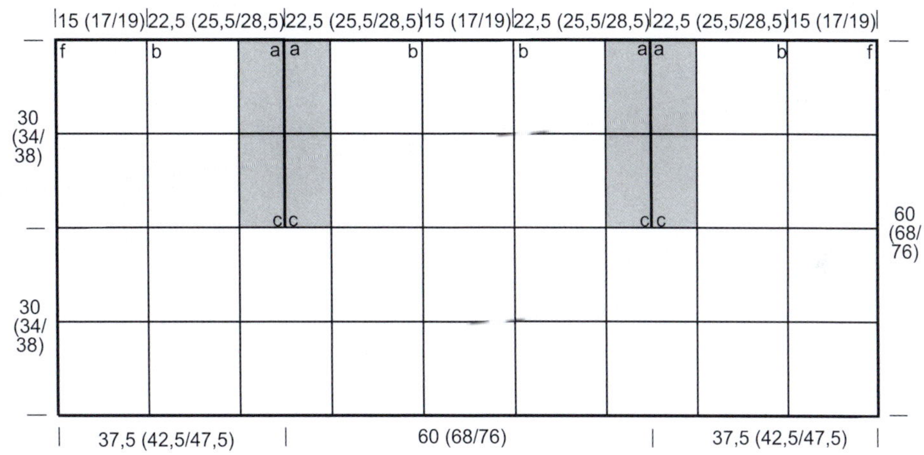

Ärmel

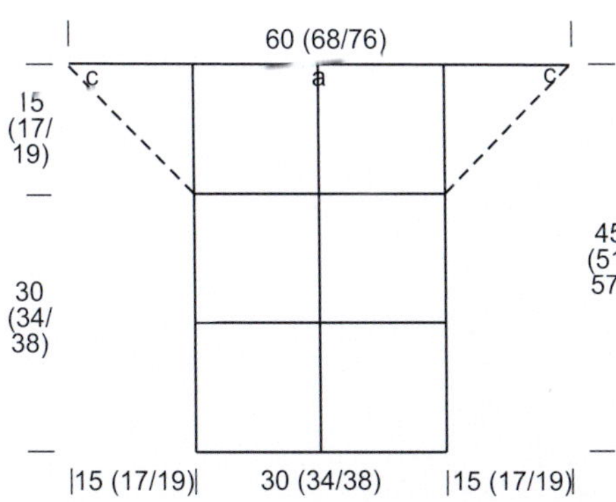

Kapuze

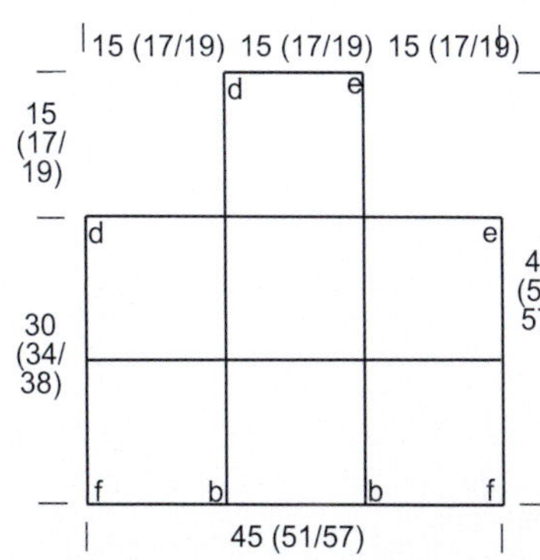

Mantel Helgrid

GRÖßE

36/38, 42/44 und 48/50
Die Angaben für die größere Größe stehen hintereinander in Klammern. Steht nur eine Angabe, so gilt diese für alle Größen.

MATERIAL

Lana Grossa Brigitte No. 3 (40 % Mohair, 37 % Schurwolle, 23 % Polyamid, LL = 100 m/25 g): 375 (400/425) g Nachtblau (Fb 12), 125 (150/175) g Camel (Fb 19) und 75 (100/125) g Weiß (Fb 20); Häkelnadel 5,5 mm.

MUSTER

Häkelquadrat: 9 (10/11) Runden nach der Häkelschrift auf Seite 36 und 37 arbeiten. Die 1. Runde um einen verstellbaren Fadenring arbeiten (= Magic Loop). Für einen schönen Übergang bereits vor dem Abmaschen des halben Stäbchens am Rundenende den Farbwechsel vornehmen. Die letzte Runde wie bei der gezeichneten 5. Runde zur Runde schließen.

Häkeldreick: 9 (10/11) Reihen nach der Häkelschrift auf Seite 38 und 39 arbeiten. Die 1. Reihe um einen verstellbaren Fadenring arbeiten (= Magic Loop).

Farbfolge: 2 Reihen/Runden Weiß, 2 Reihen/Runden Camel, 1 Reihe/Runde Weiß, 2 Reihen/Runden Nachtblau, 1 Reihe/Runde Camel, 1 (2/3) Reihen/Runden Nachtblau.

MASCHENPROBEN

1 Quadrat über 9 Runden = 20,5 cm x 20,5 cm, ca. 27,5 cm in der Diagonalen.
1 Quadrat über 10 Runden = 22 cm x 22 cm, ca. 30 cm in der Diagonalen.
1 Quadrat über 11 Runden = 24 cm x 24 cm, ca. 34 cm in der Diagonalen.

SO WIRD'S GEMACHT

21 Quadrate und 26 Dreiecke in der Farbfolge häkeln.

FERTIGSTELLEN

Die Quadrate und die Dreiecke dem Schnitt entsprechend von rechts in Nachtblau mit Überwendlichstichen um die hinteren Maschenglieder der letzten Runde zusammennähen, dabei die Schulternähte zusammennähen. Zum besseren Verständnis sind die Dreiecke im Schnitt grau hinterlegt und die äußeren Ränder der Schnittteile dicker gezeichnet. Die Verschlussränder der Vorderteile, den unteren Mantelrand und die unteren Ärmelränder je mit 1 Runde feste Maschen in Nachtblau umhäkeln.

TIPP Um sich das Vernähen der Fäden zu ersparen, diese gleich beim Häkeln auf der Rückseite mitlaufen lassen und umhäkeln.

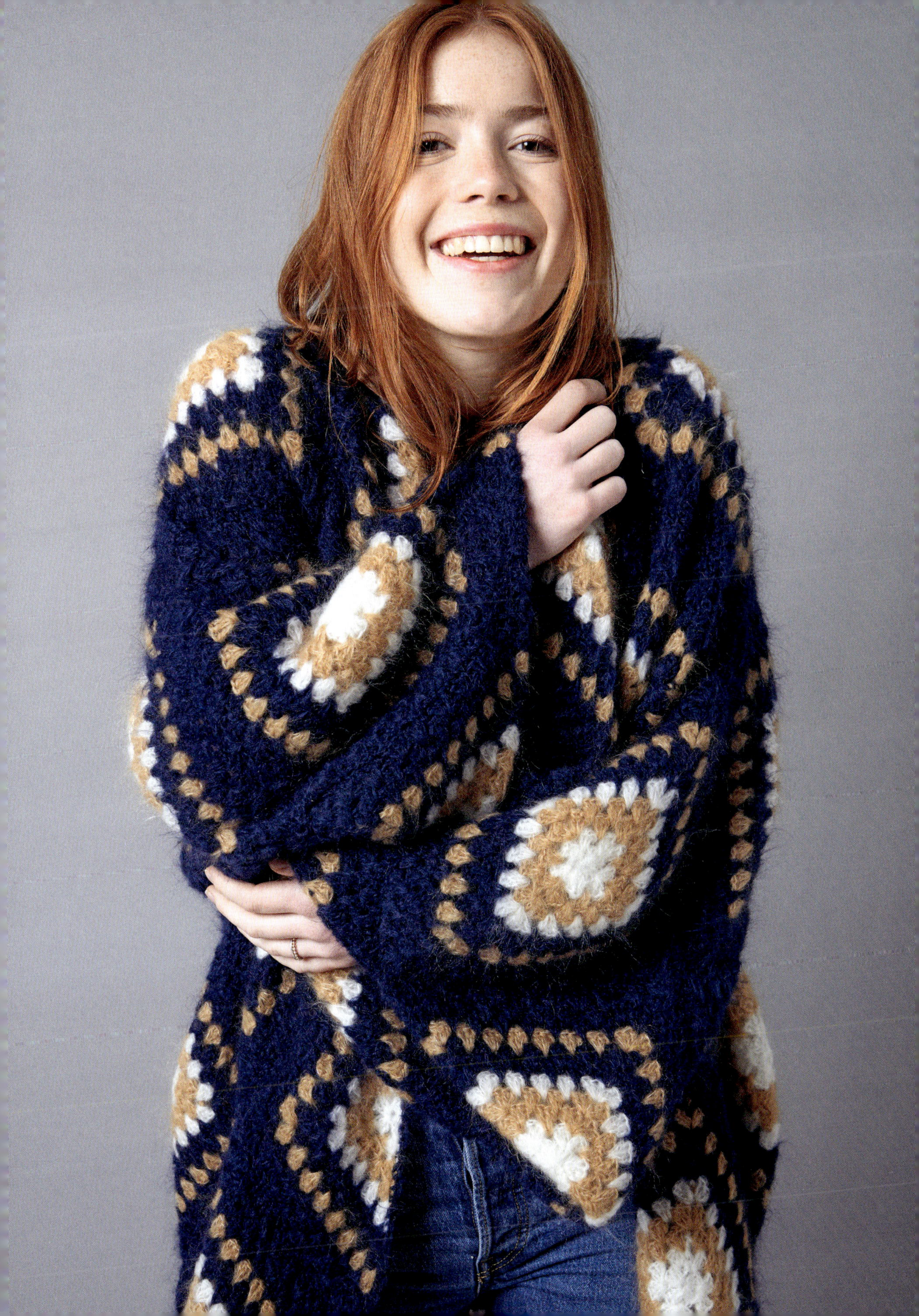

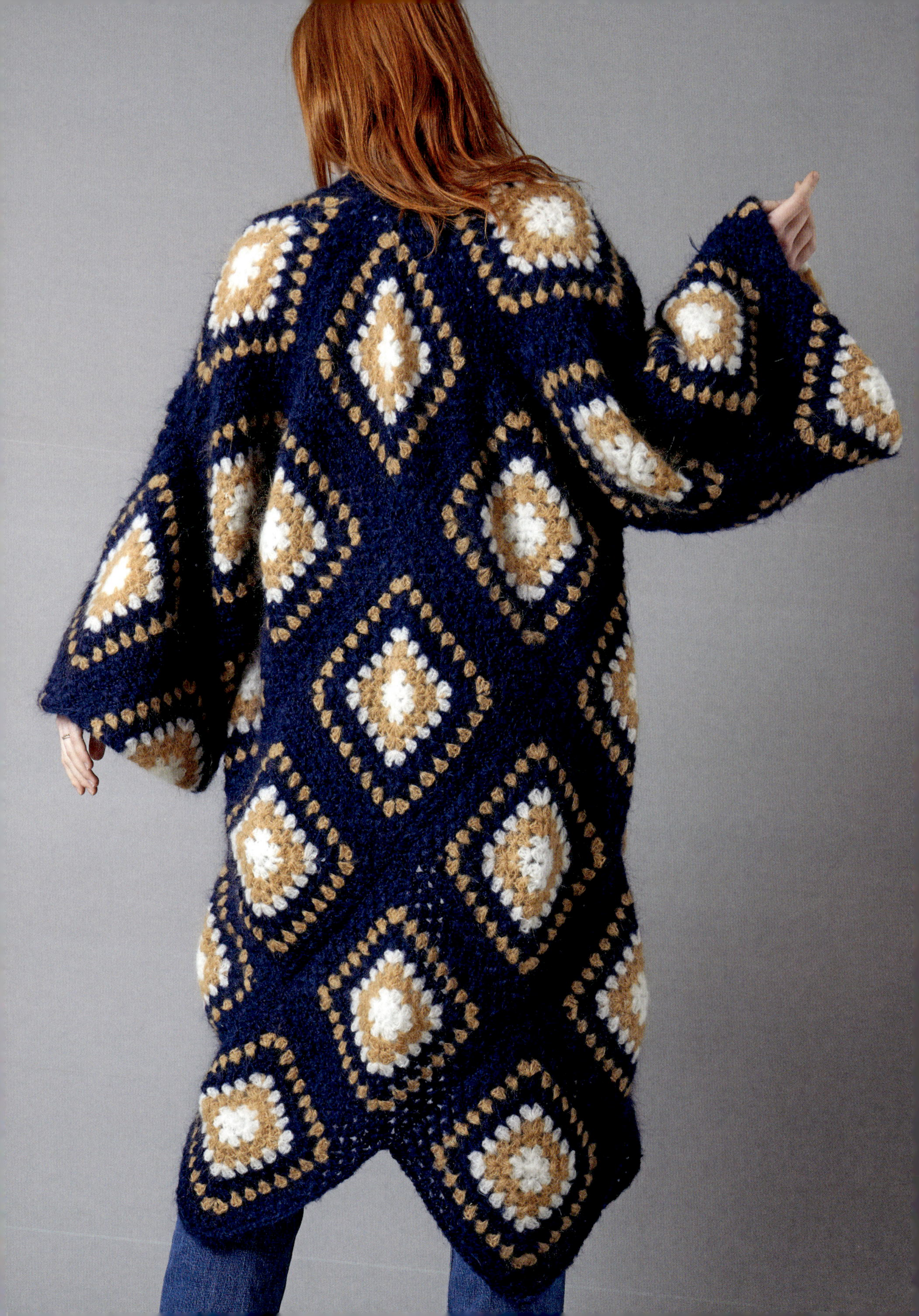

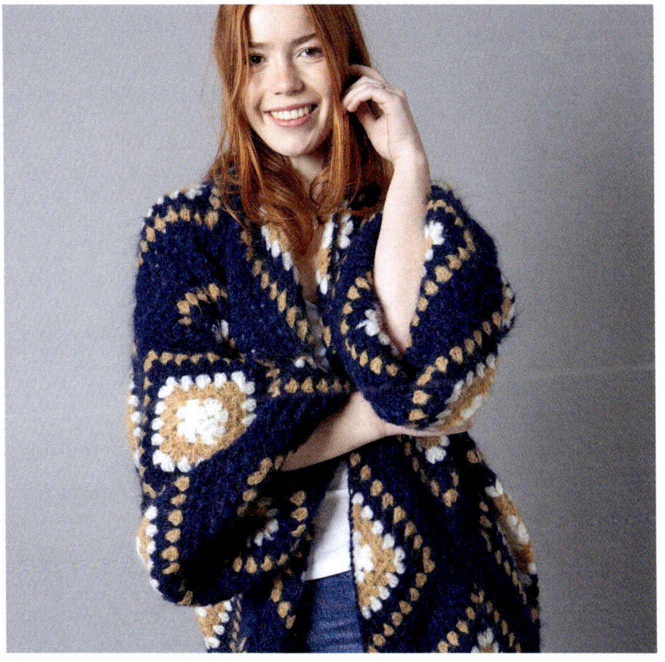

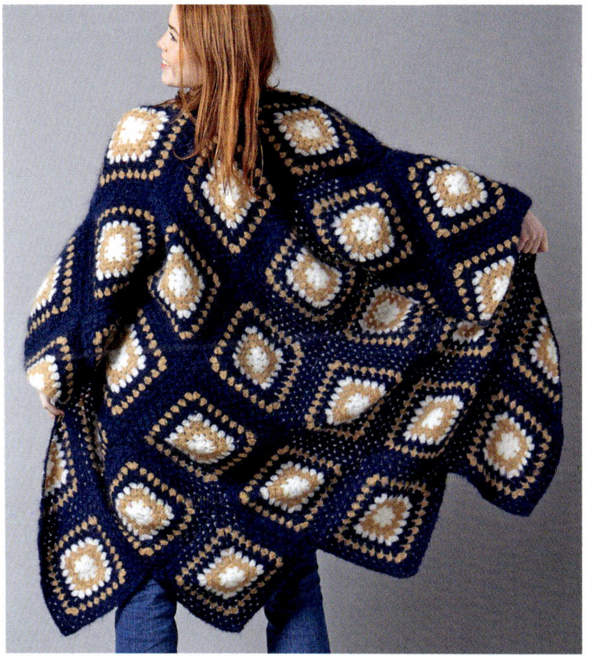

Vorder- und Rückenteil

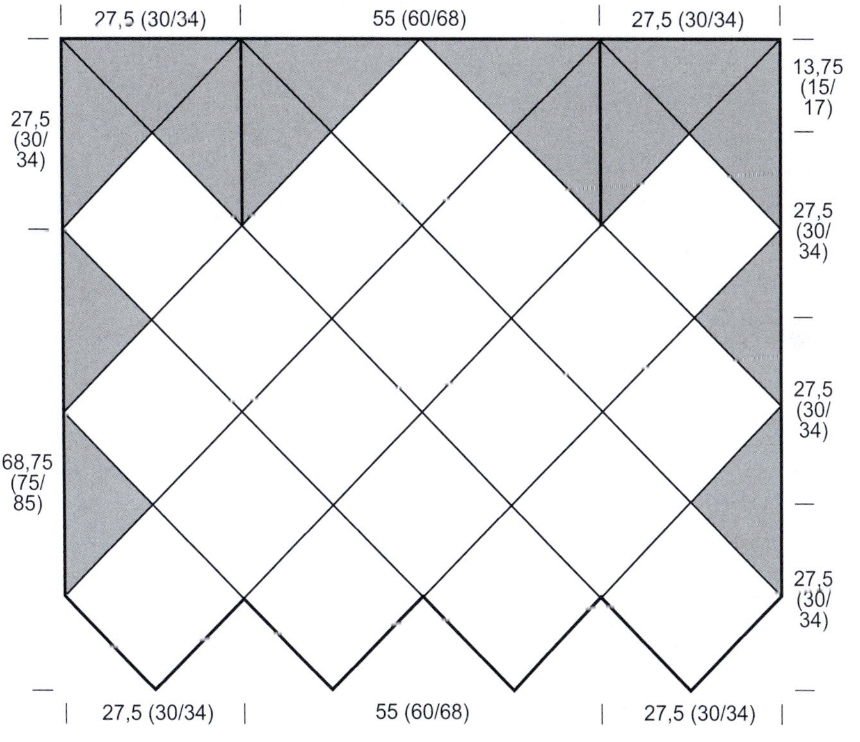

Ärmel

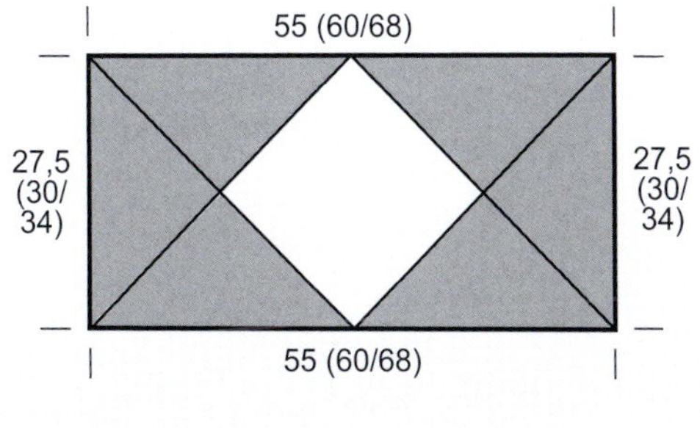

Pulli Eva

GRÖßE

36/38, 40/42 und 44/46
Die Angaben für die größere Größe stehen hintereinander in Klammern. Steht nur eine Angabe, so gilt diese für alle Größen.

MATERIAL

Lana Grossa Setasuri Big (70 % Alpaka, 20 % Seide, 10 % Schurwolle, LL = 100 m/25 g): 200 (225/250) g Schwarz (Fb 520) und je 25 (50/50) g Kornblume (Fb 512), Petrol (Fb 515), Pink (Fb 505), Dottergelb (Fb 509), Weiß (Fb 501), Weißgrün (Fb 516), Flieder (Fb 503) und Veilchenblau (Fb 511); Häkelnadel 4,5 mm.

MUSTER

Häkelquadrat: 7 Runden nach der Häkelschrift auf Seite 36 und 37 arbeiten. Die 1. Runde um einen verstellbaren Fadenring arbeiten (= Magic Loop). Für einen schönen Übergang bereits vor dem Abmaschen des halben Stäbchens am Rundenende den Farbwechsel vornehmen. Die letzte Runde wie bei der gezeichneten 5. Runde zur Runde schließen.

Stäbchenmuster: 1. Reihe: 3 Ersatz-Luftmaschen (= 1. Stäbchen), * 3 Stäbchen zwischen die 3 Stäbchen der Vorreihe, ab * stets wiederholen, 1 Stäbchen. 2. Reihe: 3 Ersatz-Luftmaschen (= 1. Stäbchen), 2 Stäbchen in die gleiche Masche, * 3 Stäbchen zwischen die 3 Stäbchen der Vorreihe, ab * stets wiederholen, 3 Stäbchen in die oberste Ersatz-Luftmasche.
Die 1. und 2. Reihe stets wiederholen.

Farbfolge: Die ersten 6 Runden wie gewünscht, die letzte Runde in Schwarz arbeiten.

MASCHENPROBEN

1 Quadrat über 7 Runden = 15,5 cm x 15,5 cm.
Stäbchenmuster: 7 Stäbchengruppen und 9,5 Reihen = 13 cm x 10 cm.

SO WIRD'S GEMACHT

Vorder- und Rückenteil: Je 9 Quadrate in der Farbfolge häkeln.

TIPP Um sich das Vernähen der Fäden zu ersparen, diese gleich beim Häkeln auf der Rückseite mitlaufen lassen und umhäkeln.

Fertigstellen: Die Quadrate dem Schnitt entsprechend in Schwarz von rechts mit Überwendlichstichen um die hinteren Maschenglieder der letzten Runde zusammennähen.

Rückenteil: Zuerst für Größe 40/42 bzw. 44/46 um 3 Seiten der zusammengenähten Quadrate 2 bzw. 4 Reihen im Stäbchenmuster in Schwarz häkeln, dabei an den oberen Ecken wie bei den Häkelquadraten arbeiten. Für alle Größen über den oberen Rand nun weitere 6 cm im Stäbchenmuster in Schwarz häkeln. Dann die Arbeit beenden.

Vorderteil: Wie das Rückenteil arbeiten, jedoch für den Halsausschnitt nach 3 cm im Stäbchenmuster über die mittleren 6 Stäbchengruppen nicht mehr arbeiten und beide Seiten getrennt beenden. Für die Ausschnittschräge am inneren

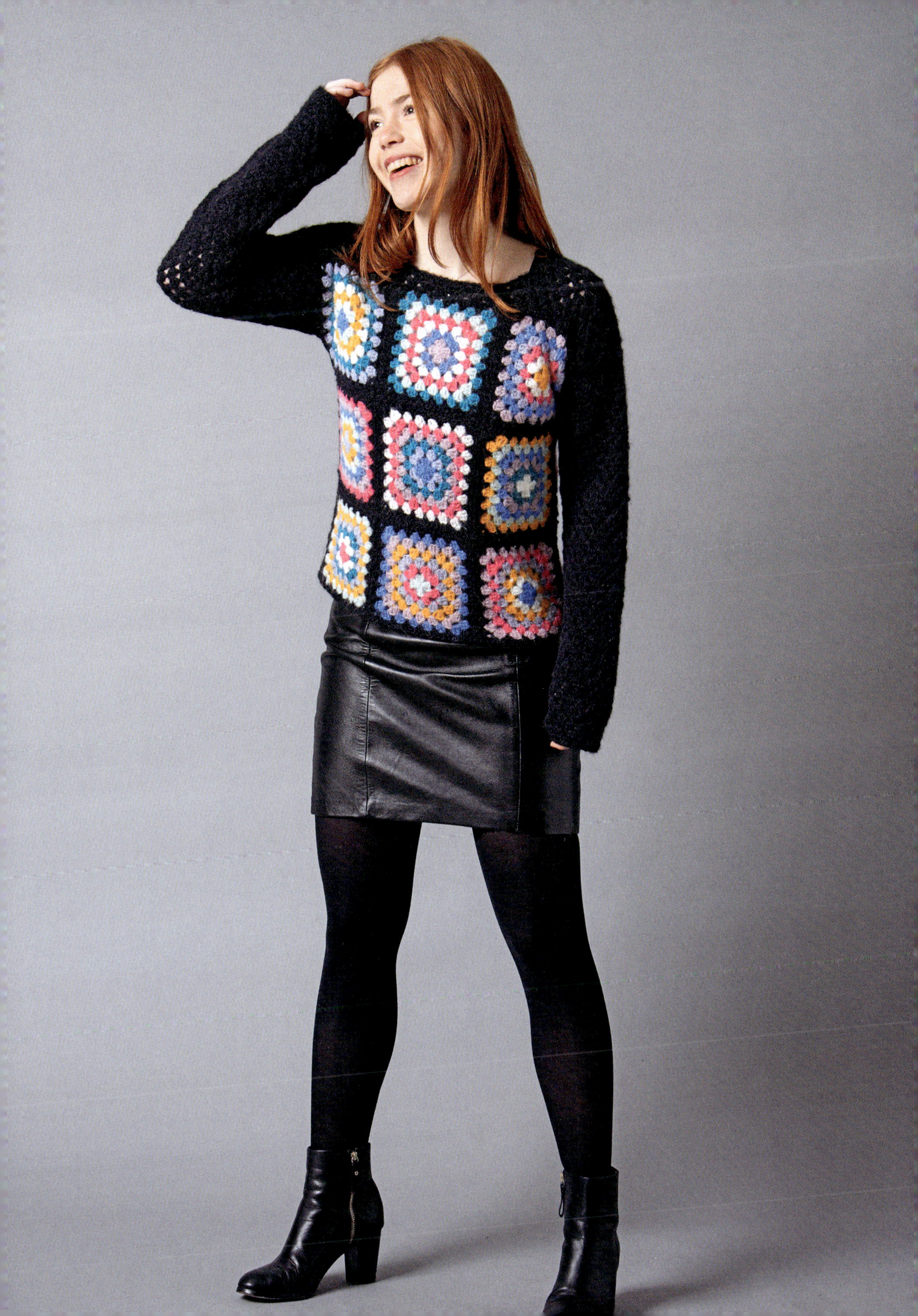

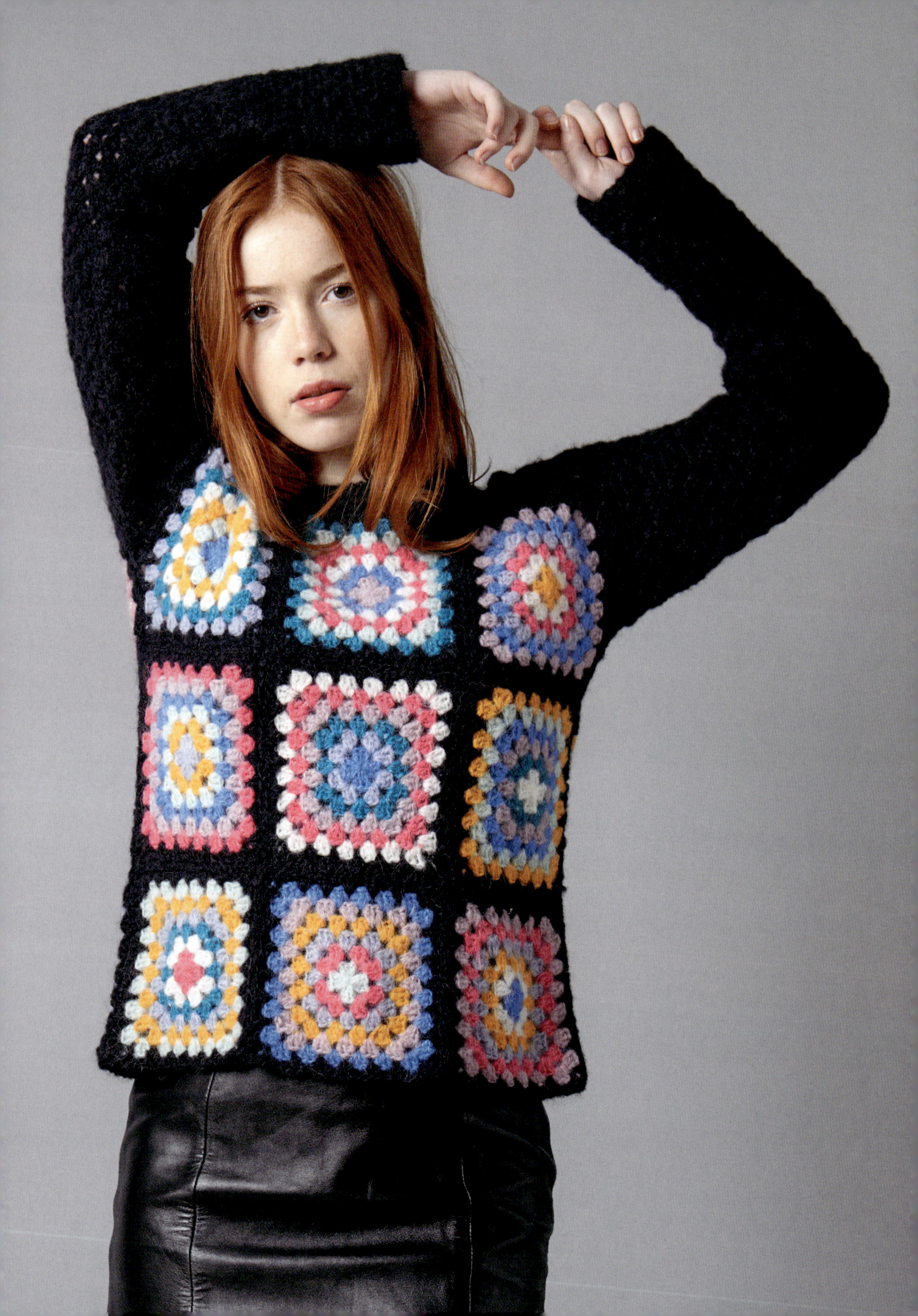

Rand in jeder Reihe 3x über je 1 Stäbchengruppe nicht mehr arbeiten. In Rückenteilhöhe die Arbeit beenden.

Fertigstellen: Die Schulternähte in Schwarz mit Überwendlichstichen von rechts um beide Maschenglieder der letzten Runde zusammennähen.

Ärmel: Beidseitig der Schulternaht über je ca. 18,5 (20,5/22,5) cm im Stäbchenmuster in Schwarz weiterarbeiten = 20 (22/24) Stäbchengruppen. Für die Ärmelschrägungen beidseitig 3x (4/4) in jeder 12. (10./10.) Reihe je 1 Stäbchengruppe weniger arbeiten = 14 (14/16) Stäbchengruppen. In 52 (54/56) cm ab Ärmelbeginn die Arbeit beenden. Den **2. Ärmel** ebenso arbeiten.

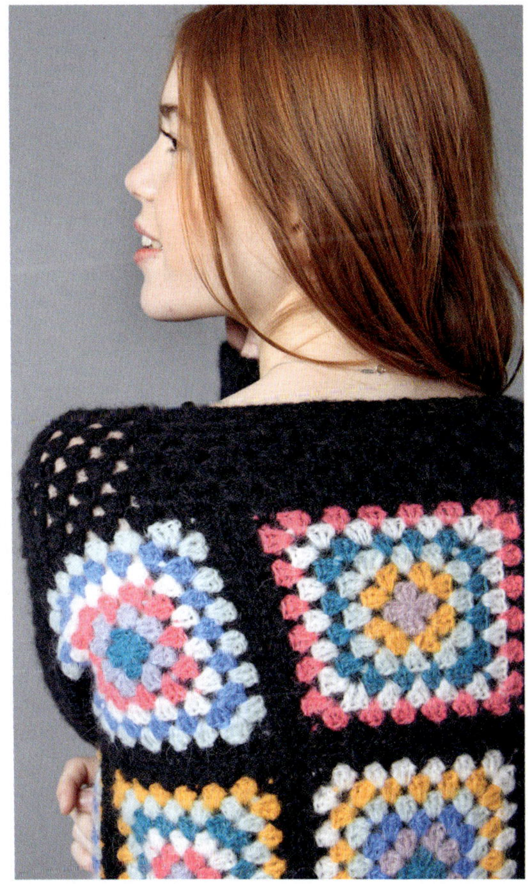

FERTIGSTELLEN

Die Ärmel- und Seitennähte in Schwarz von rechts mit Überwendlichstichen um die hinteren Maschenglieder der letzten Runde zusammennähen. Den vorderen Halsausschnitt mit 1 Reihe im Stäbchenmuster in Schwarz umhäkeln.

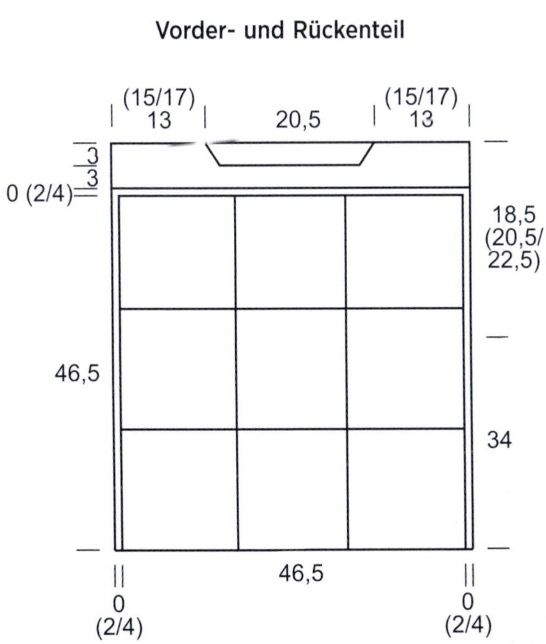

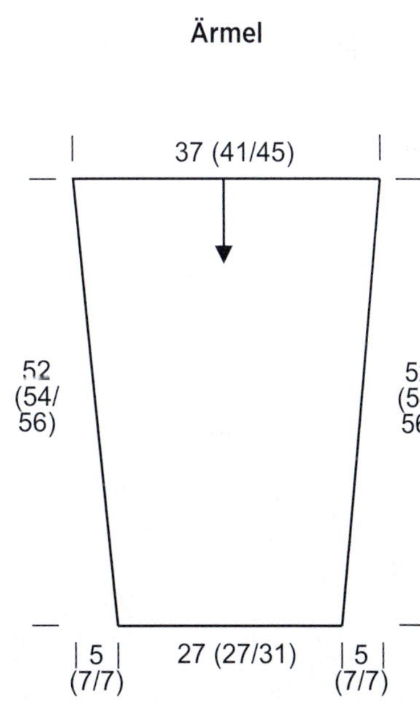

Pulli Stefanie

GRÖßE

36/38 und 40/42

Die Angaben für die größere Größe stehen hintereinander in Klammern. Steht nur eine Angabe, so gilt diese für alle Größen.

MATERIAL

Lana Grossa Alta Moda Alpaca (90 % Alpaka, 5 % Schurwolle, 5 % Polyamid, LL = 140 m/50 g): Je 400 (450) g Rohweiß (Fb 14) und Schwarz (Fb 6); Häkelnadel 5 mm.

MUSTER

Häkelquadrat: 14 Runden/Reihen nach der Häkelschrift arbeiten. Die 1. Runde um einen verstellbaren Fadenring arbeiten (= Magic Loop). Für einen schönen Übergang bereits vor dem Abmaschen des halben Stäbchens am Rundenende den Farbwechsel vornehmen. 1x die 1.–14. Runde/Reihe arbeiten.

Stäbchenmuster: 1. Reihe: 3 Ersatz-Luftmaschen (= 1. Stäbchen), * 3 Stäbchen zwischen die 3 Stäbchen der Vorreihe, ab * stets wiederholen, 1 Stäbchen. 2. Reihe: 3 Ersatz-Luftmaschen (= 1. Stäbchen), 2 Stäbchen in die gleiche Masche, * 3 Stäbchen zwischen die 3 Stäbchen der Vorreihe, ab * stets wiederholen, 3 Stäbchen in die oberste Ersatz-Luftmasche.
Die 1. und 2. Reihe stets wiederholen.

Farbfolge: * 2 Runden Rohweiß, 2 Runden Schwarz, ab * 2x arbeiten, 2 Reihen Rohweiß, 2 Reihen Schwarz, 2 Runden Schwarz.

MASCHENPROBEN

1 Quadrat über 14 Runden/Reihen = 21,5 cm x 21,5 cm.
Stäbchenmuster: 6 Stäbchengruppen und 12 Reihen = 10,5 cm x 11 cm.

SO WIRD'S GEMACHT

Rücken- und Vorderteil: 8 Quadrate in der Farbfolge häkeln.

Fertigstellen: Die Quadrate dem Schnitt entsprechend in Schwarz mit Überwendlichstichen von rechts um die hinteren Maschenglieder der letzten Runde zusammennähen. Die zusammengenähten Quadrate mit 1 Runde im Stäbchenmuster in Schwarz umhäkeln, dabei die Ecken wie bei den Quadraten arbeiten. Dann nur die seitlichen und unteren Ränder der zusammengenähten Quadrate noch mit 2 (5) Reihen im Stäbchenmuster in Schwarz umhäkeln, dabei die unteren Ecken wie bei den Quadraten arbeiten. Danach nur den unteren Rand der zusammengenähten Quadrate noch mit 3 Reihen im Stäbchenmuster in Schwarz umhäkeln.

Rückenteil: Über den oberen Rand noch 5 Reihen im Stäbchenmuster in Schwarz weiterarbeiten, dabei für die Schulterschrägung 5x in jeder Reihe über die erste Stäbchengruppe Kettmaschen arbeiten und die letzte Stäbchengruppe nicht mehr behäkeln. Dann die Arbeit beenden.

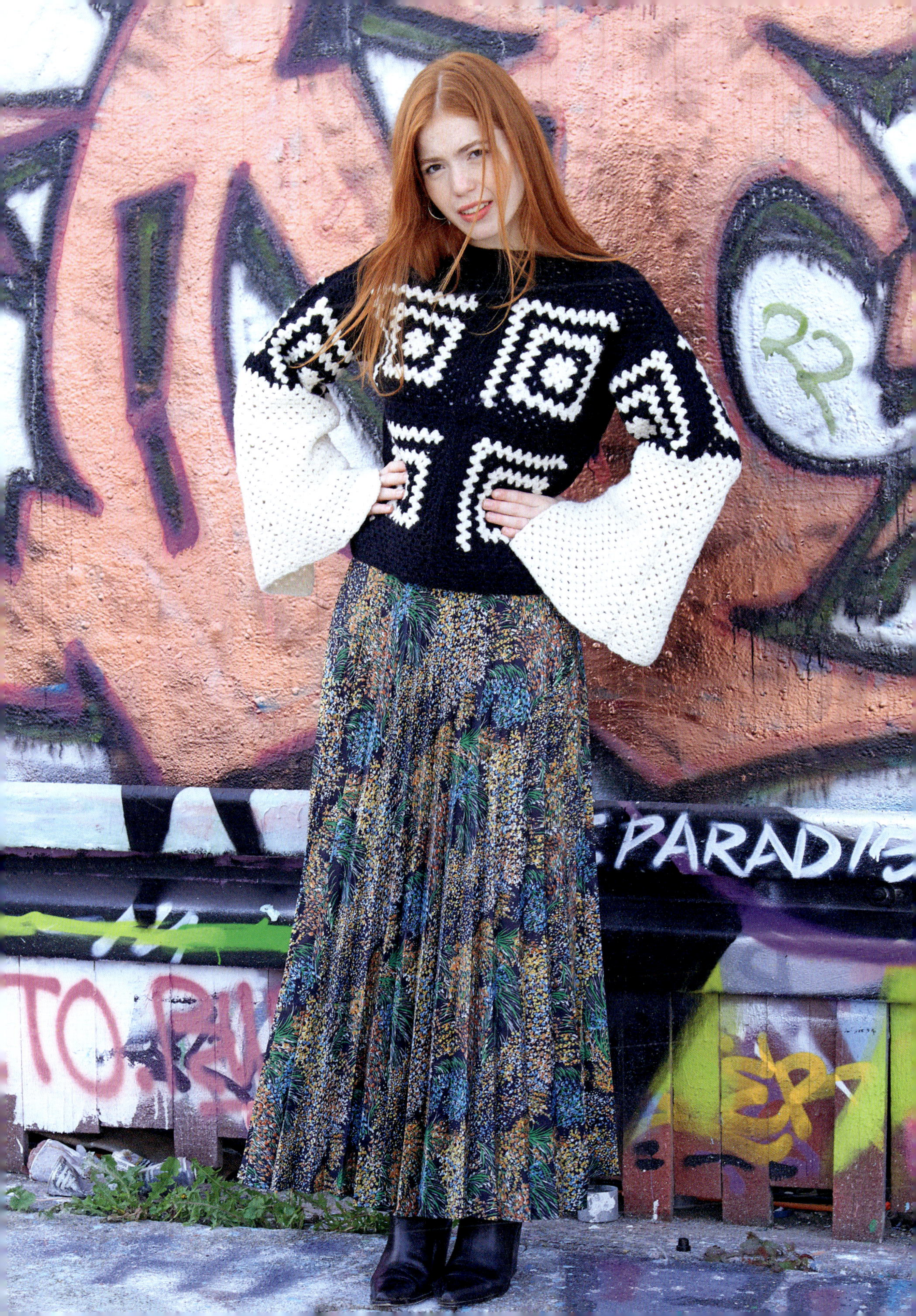
PARADIS

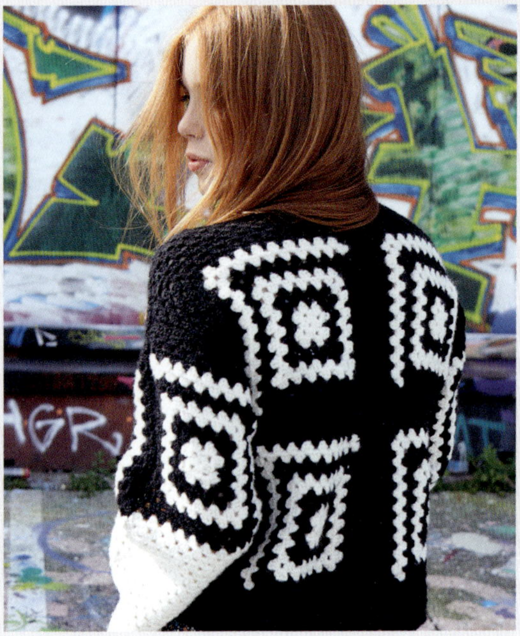

Vorderteil: Wie das Rückenteil arbeiten, jedoch für den Halsausschnitt in der 1. Reihe über die mittleren 8 Stäbchengruppen nicht arbeiten und beide Schultern getrennt arbeiten, dabei außerdem für die Ausschnittschräge am inneren Rand in jeder Hinreihe über die letzte Stäbchengruppe nicht mehr arbeiten. Die andere Seite gegengleich beenden.

Ärmel (2x): 2 Quadrate in der Farbfolge häkeln, dabei für Größe 40/42 noch 1 Runde in Schwarz häkeln (wie die letzte Runde).

Fertigstellen: Die 2 Quadrate dem Schnitt entsprechend von rechts in Schwarz mit Überwendlichstichen um die hinteren Maschenglieder der letzten Runde zusammennähen. Nun für den unteren Ärmelteil den unteren Rand der zusammengenähten Quadrate noch 31 cm im Stäbchenmuster in Rohweiß umhäkeln. Dann die Arbeit beenden.

FERTIGSTELLEN

Die Schulternähte schließen. Die Ärmel einsetzen und die Ärmel- und Seitennähte schließen, dabei für den Schlitz jeweils die unteren 18 cm der Ärmelnähte offenlassen. Den Halsausschnitt mit 1 Runde Kettmaschen in Schwarz umhäkeln.

TIPP Um sich das Vernähen der Fäden zu ersparen, diese gleich beim Häkeln auf der Rückseite mitlaufen lassen und umhäkeln.

Vorder- und Rückenteil

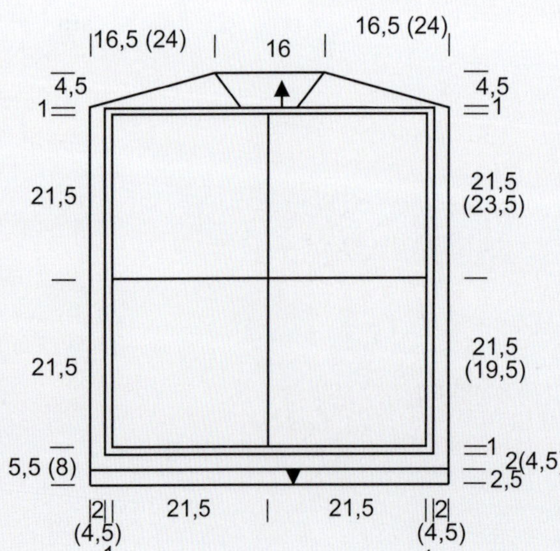

Ärmel

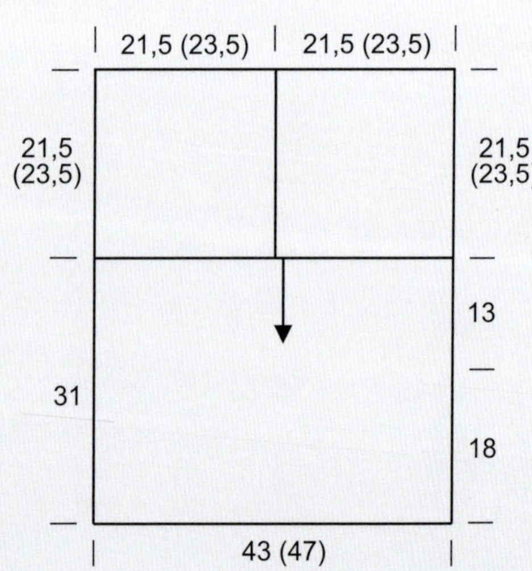

Häkelschrift

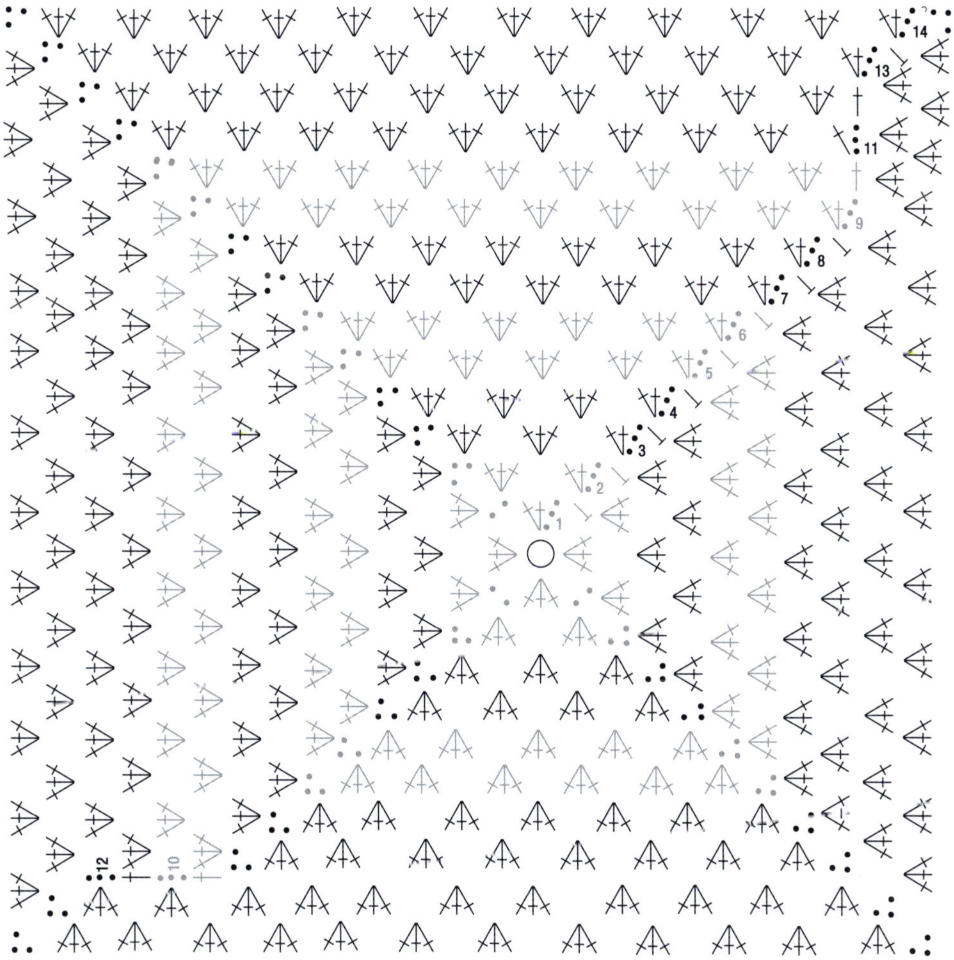

Zeichenerklärung

- • = 1 Luftmasche
- ˎ = 1 Kettmasche
- T = 1 halbes Stäbchen
- † = 1 Stäbchen

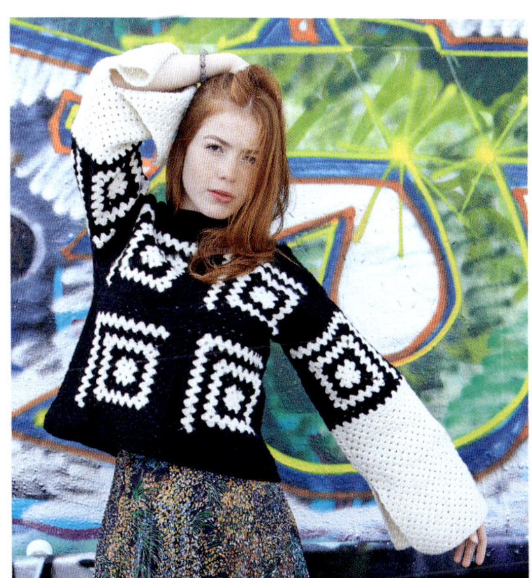

Top Lena

GRÖßE

34/36, 38/40 und 42/44
Die Angaben für die größere Größe stehen hintereinander in Klammern. Steht nur eine Angabe, so gilt diese für alle Größen.

MATERIAL

Lana Grossa Elastico (96 % Baumwolle, 4 % Polyester, LL = 160 m/50 g):
je 50 (100/150) g Weiß (Fb 1), Leuchtendrot (Fb 78), Nelke (Fb 127), Sonnengelb (Fb 107), Bordeaux (Fb 95) und Orange (Fb 169);
Häkelnadel 3,5 mm.

MUSTER

Häkelquadrat: 6 (6/7) Runden nach der Häkelschrift auf Seite 36 und 37 arbeiten. Die 1. Runde um einen verstellbaren Fadenring arbeiten (= Magic Loop). Für einen schönen Übergang bereits vor dem Abmaschen des halben Stäbchens am Rundenende den Farbwechsel vornehmen. Die letzte Runde wie bei der gezeichneten 5. Runde zur Runde schließen bzw. für Größe 42/44 abschließend noch 1 Runde feste Maschen wie folgt arbeiten: 1 feste Masche um die Eck-Masche, * je 1 feste Masche in jedes Stäbchen, 1 feste Masche + 1 Luftmasche + 1 feste Masche um die Eck-Luftmaschen, ab * 3x arbeiten, je 1 feste Masche in jedes Stäbchen, 1 feste Masche + 1 Luftmasche um die Eck-Luftmaschen, mit 1 Kettmasche in die 1. feste Masche zur Runde schließen.

Häkeldreick: 6 (6/7) Reihen nach der Häkelschrift auf Seite 38 und 39 arbeiten. Die 1. Reihe um einen verstellbaren Fadenring arbeiten (= Magic Loop) bzw. für Größe 42/44 abschließend noch 1 Reihe feste Maschen wie folgt arbeiten: 1 Luftmasche, je 1 feste Masche in jedes Stäbchen, 1 feste Masche + 1 Luftmasche + 1 feste Masche um die Eck-Luftmaschen, je 1 feste Masche in jedes Stäbchen.

Farbfolge: Wie gewünscht arbeiten (jedoch ohne Weiß), dabei die letzte (letzte/letzten 2) Runde(n) in Weiß arbeiten.

MASCHENPROBEN

1 Quadrat über 6 Runden = 9,5 cm x 9,5 cm.
1 Quadrat über 6 Runden plus 1 Runde feste Maschen = 10,5 cm x 10,5 cm.

SO WIRD'S GEMACHT

20 (24/34) Quadrate und 4 Dreiecke in der Farbfolge häkeln.

FERTIGSTELLEN

Die Quadrate und die Dreiecke dem Schnitt entsprechend von rechts in Weiß mit Überwendlichstichen um die hinteren Maschenglieder der letzten Runde zusammennähen. Hinweis: Bei Größe 34/36 zählt jeweils die Hälfte der beiden äußeren Quadrat-Spalten des Vorderteils zum Rückenteil. Den unteren und oberen Toprand inklusive Armausschnitte in Weiß je mit 1 Runde fester Maschen (Maschenzahl teilbar durch 4) und 1 Runde wie folgt umhäkeln:

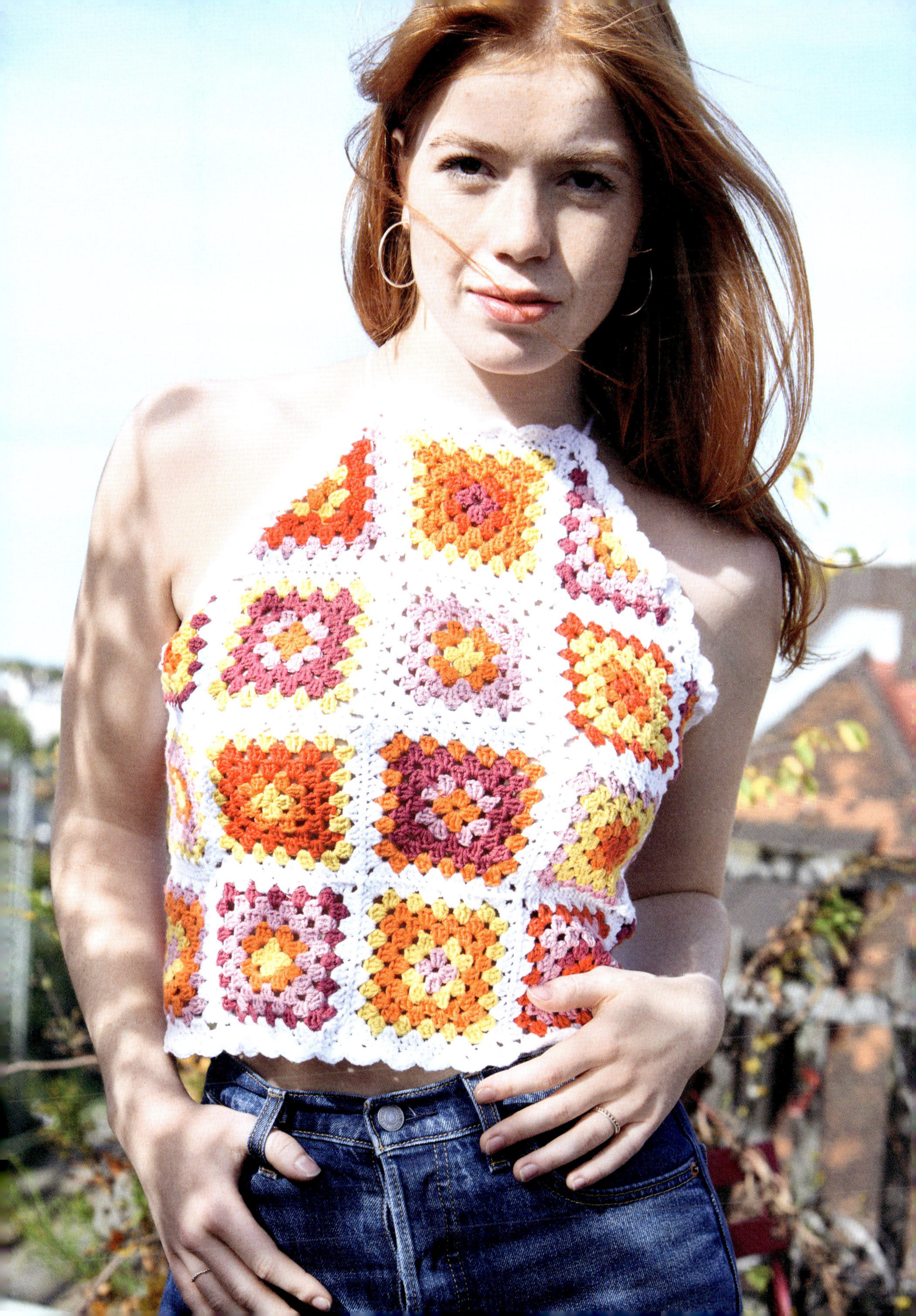

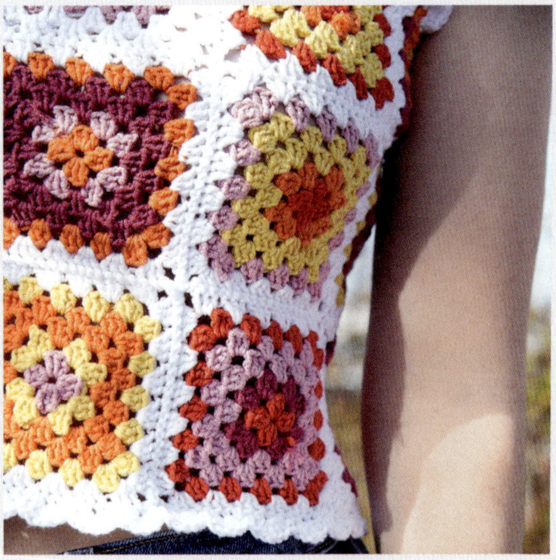

1 Luftmasche, * 1 feste Masche, 1 Masche überspringen, 5 Stäbchen in 1 Masche, 1 Masche überspringen, ab *stets wiederholen, mit 1 Kettmasche in die 1. feste Masche zur Runde schließen. Für die Träger an die oberen Ecken des Vorderteils anschlingen und jeweils eine Luftmaschenkette in Weiß anschlagen (Länge wie gewünscht; bitte anprobieren) und diese mit Kettmaschen behäkeln. Die Träger über Kreuz an den oberen Rückenteil nähen.

TIPP Um sich das Vernähen der Fäden zu ersparen, diese gleich beim Häkeln auf der Rückseite mitlaufen lassen und umhäkeln.

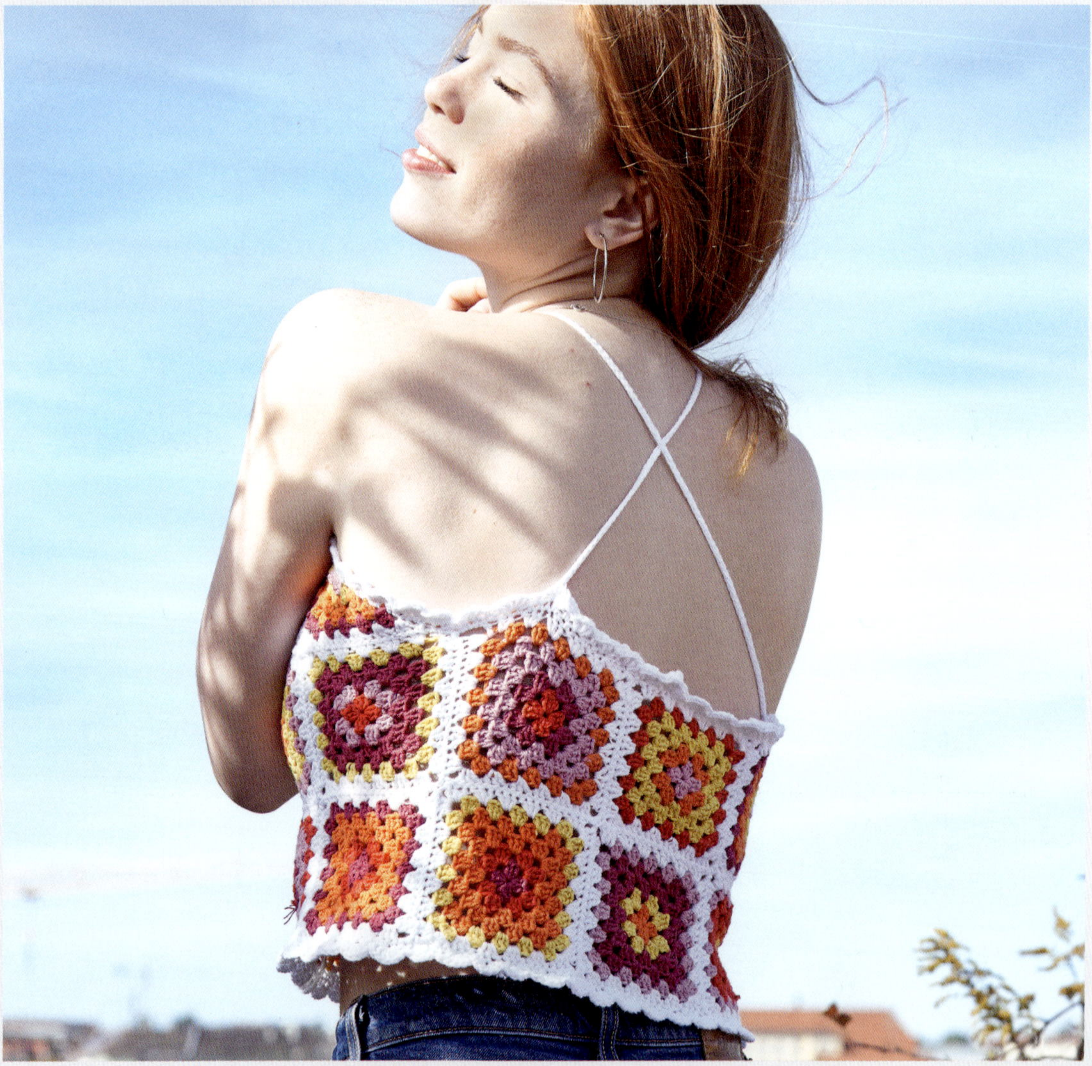

Rückenteile | Vorderteile

Schnitt Größe 34/36

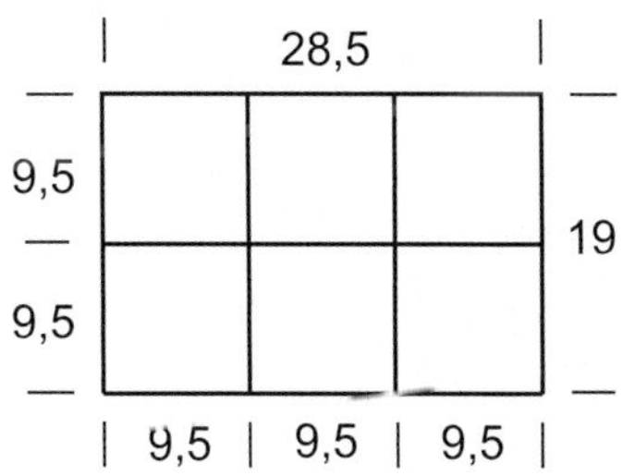

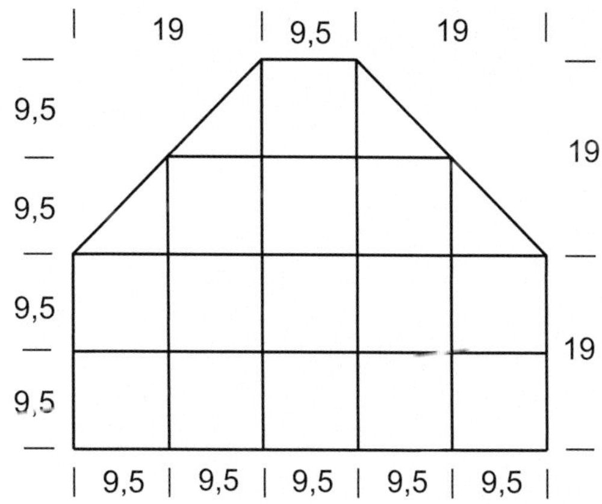

Schnitt Größe 38/40

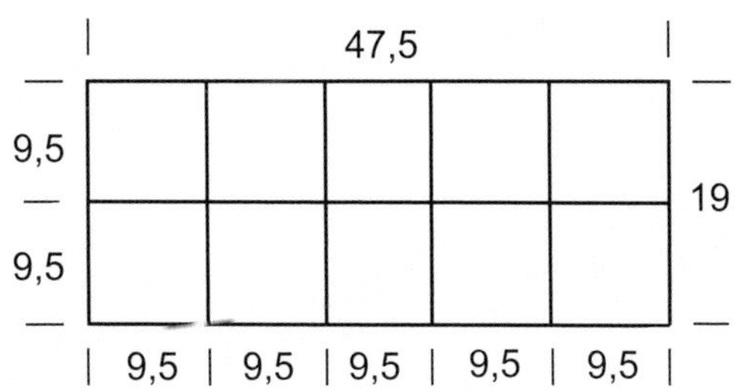

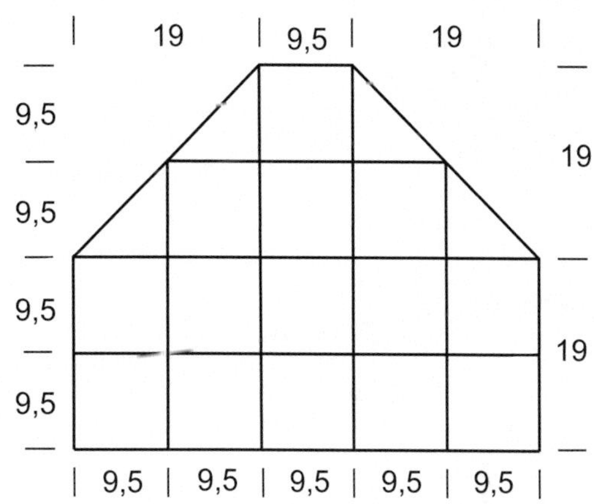

Schnitt Größe 42/44

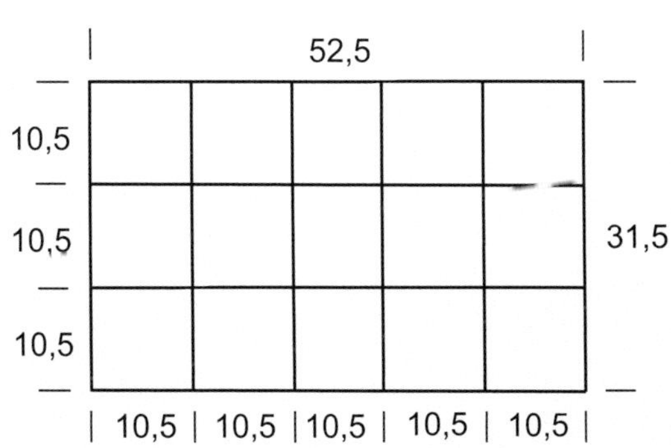

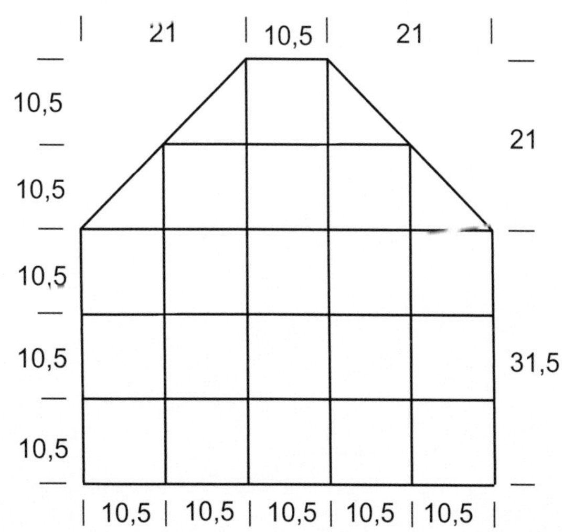

Pullunder Johanna

GRÖẞE

36/38, 40/42 und 46/48
Die Angaben für die größere Größe stehen hintereinander in Klammern. Steht nur eine Angabe, so gilt diese für alle Größen.

MATERIAL

Lana Grossa Cara (57% Alpaka, 33% Baumwolle, 10% Schurwolle, LL = 120 m/50 g):
100 (150/150) g Blassgelb (Fb 1), je 50 g Rost (Fb 4), Graugrün (Fb 12), Marine (Fb 21), Lila (Fb 8), Gelb (Fb 2) und Dunkelgrau (Fb 15); Häkelnadel 4 mm, Rundstricknadeln 4 mm.

MUSTER

Häkelquadrat: 6 (7/8) Runden nach der Häkelschrift auf Seite 36 und 37 arbeiten. Die 1. Runde um einen verstellbaren Fadenring arbeiten (= Magic Loop). Für einen schönen Übergang bereits vor dem Abmaschen des halben Stäbchens am Rundenende den Farbwechsel machen. Die letzte Runde wie bei der gezeichneten 5. Runde zur Runde schließen.

Rippenmuster: Maschenzahl teilbar durch 4
2 Maschen rechts, 2 Maschen links im Wechsel stricken.

Farbfolge: Die ersten 4 Runden wie gewünscht, die letzten 2 Runden in Blassgelb arbeiten.

MASCHENPROBEN

1 Quadrat über 6 Runden = 10,5 cm x 10,5 cm.
1 Quadrat über 7 Runden = 12,5 cm x 12,5 cm.
1 Quadrat über 8 Runden = 14,5 cm x 14,5 cm.

SO WIRD'S GEMACHT

28 Quadrate in der Farbfolge häkeln.

FERTIGSTELLEN

Die Quadrate dem Schnitt entsprechend von rechts in Blassgelb so zusammennähen, dass beide Maschenglieder auf der Vorderseite zu sehen sind. Die Schulternähte über 5,25 (6,25/7,25) cm schließen. Aus dem unteren Pullunderrand 160 (188/216) Maschen mit der Rundstricknadel 4 mm in Blassgelb auffassen und 2,5 cm im Rippenmuster stricken. Dann die Maschen abketten. Aus den Armausschnitten je 72 (88/104) Maschen mit der Rundstricknadel 4 mm in Blassgelb auffassen und 2,5 cm im Rippenmuster stricken. Dann die Maschen abketten.

TIPP Um sich das Vernähen der Fäden zu ersparen, diese gleich beim Häkeln auf der Rückseite mitlaufen lassen und umhäkeln.

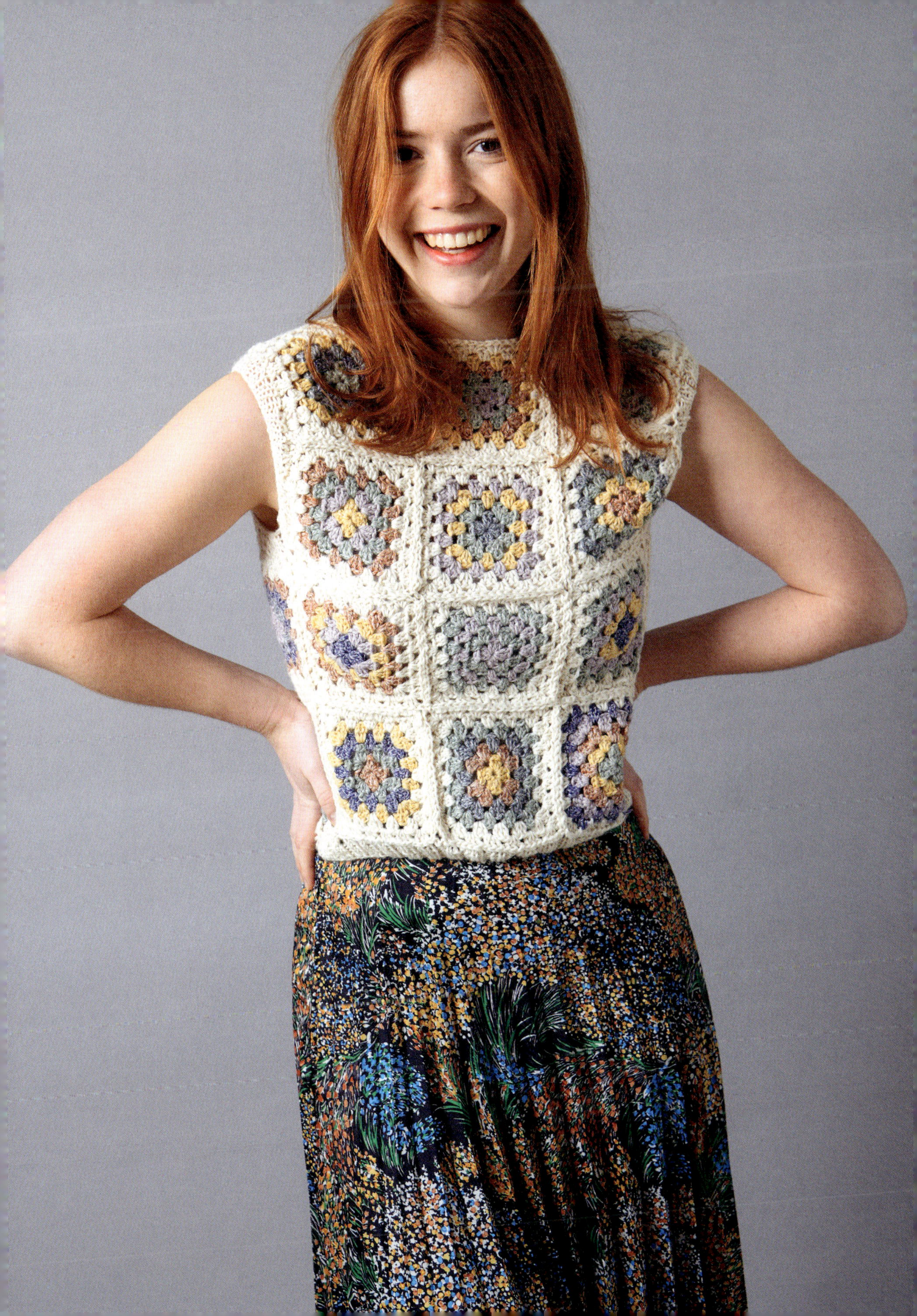

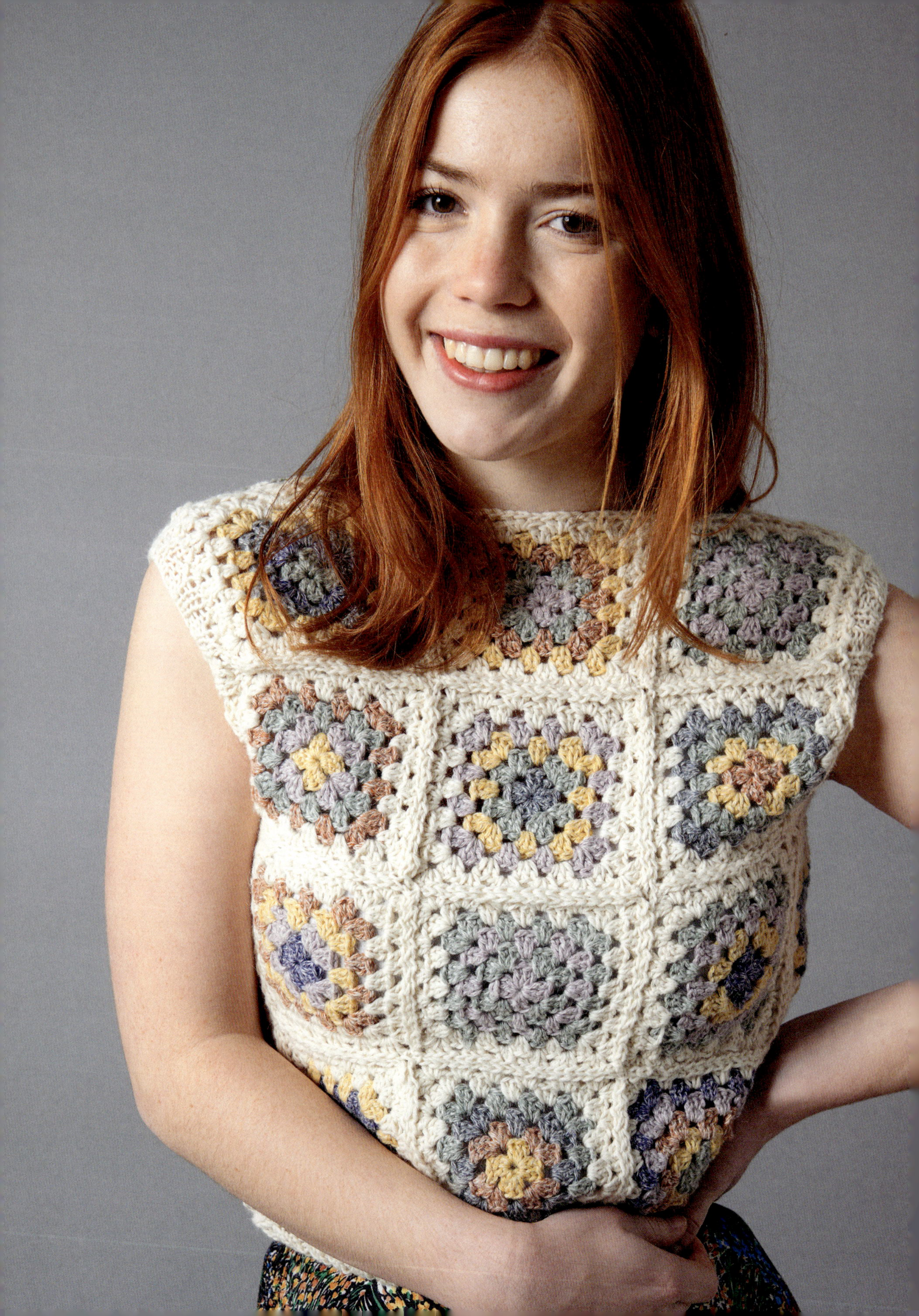

Vorder- und Rückenteil

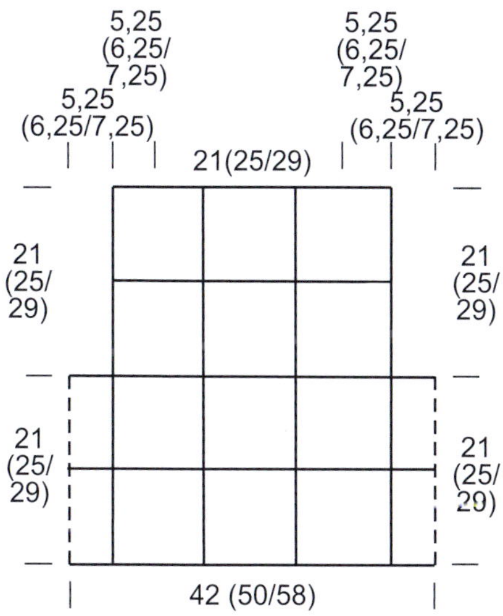

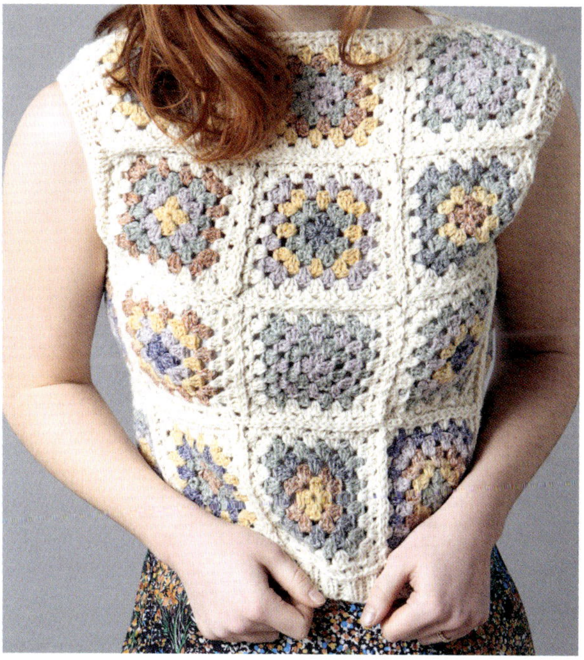

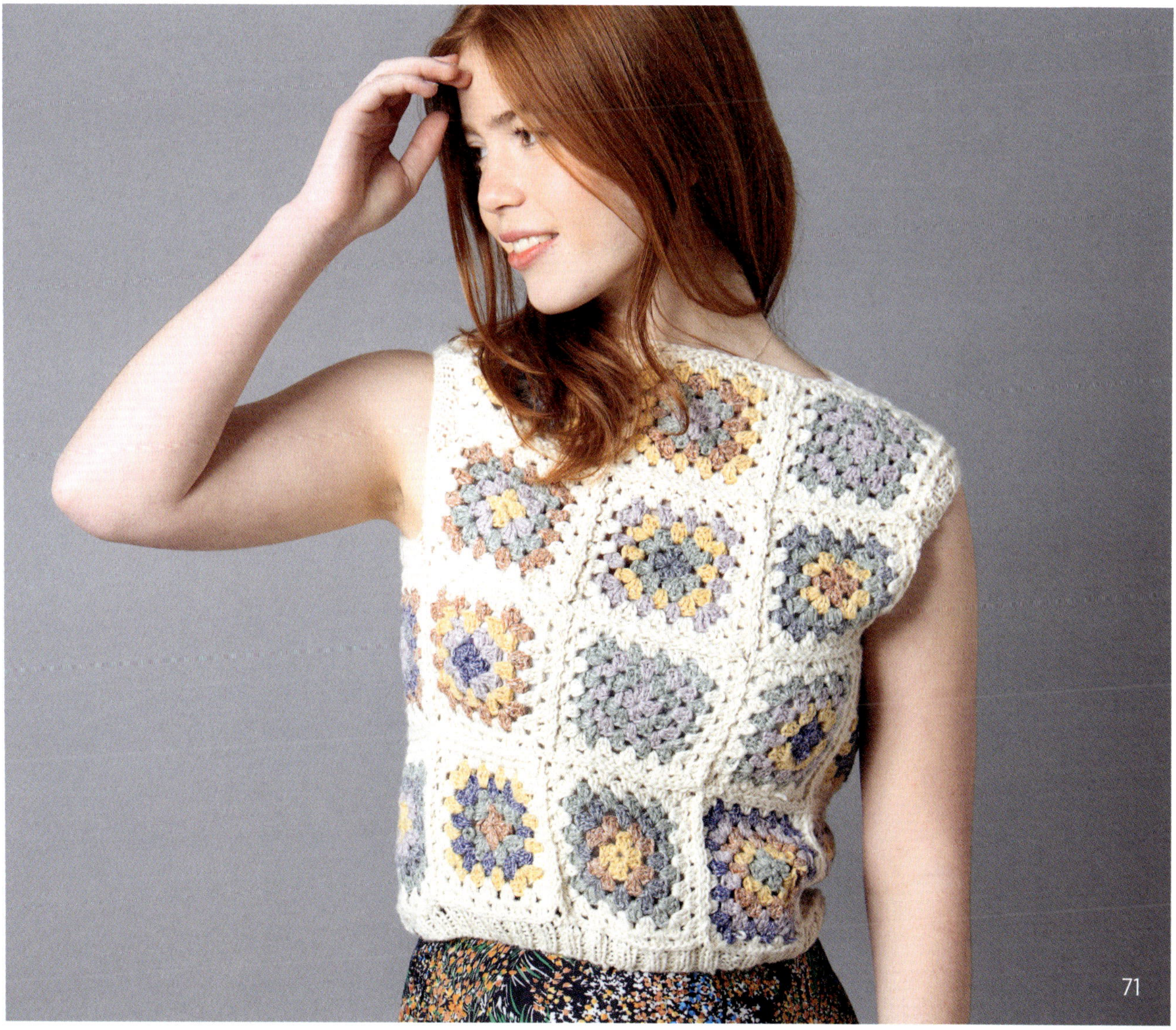

Pulli Tamara

GRÖßE

36/38, 40/42 und 46/48
Die Angaben für die größere Größe stehen hintereinander in Klammern. Steht nur eine Angabe, so gilt diese für alle Größen.

MATERIAL

Lana Grossa Alpaca Moda (74 % Alpaka, 13 % Schurwolle, 13 % Polyamid, LL = 135 m/50 g): 100 (100/150) g Dunkelrot (Fb 10) und je 50 (100/100) g Moosgrün (Fb 25), Fuchsia (Fb 18), Olivbraun (Fb 14), Petrol (Fb 26), Camel (Fb 21) und Eisblau (Fb 7); Häkelnadel 6 mm.

MUSTER

Häkelquadrat: Nach der Häkelschrift auf Seite 36 und 37 arbeiten. Die 1. Runde um einen verstellbaren Fadenring arbeiten (= Magic Loop). Für einen schönen Übergang vor dem Abmaschen des halben Stäbchens am Rundenende den Farbwechsel vornehmen. Fortlaufend arbeiten.

Stäbchenmuster: 1. Reihe: 3 Ersatz-Luftmaschen (= 1. Stäbchen), * 3 Stäbchen zwischen die 3 Stäbchen der Vorreihe, ab * stets wiederholen, 1 Stäbchen. 2. Reihe: 3 Ersatz-Luftmaschen (= 1. Stäbchen), 1 Stäbchen in die gleiche Masche, * 3 Stäbchen zwischen die 3 Stäbchen der Vorreihe, ab * stets wiederholen, 2 Stäbchen in die oberste Ersatz-Luftmasche.
Die 1. und 2. Reihe stets wiederholen.

Farbfolge: Wie gewünscht arbeiten, jedoch die letzte Runde von Vorder- und Rückenteil in der gleichen Farbe arbeiten.

MASCHENPROBEN

1 Quadrat über 4 Runden = 12 cm x 12 cm.
Stäbchenmuster: 4 Stäbchengruppen und 8 Reihen = 12 cm x 10 cm.

SO WIRD'S GEMACHT

Rücken- und Vorderteil: Je 1 Quadrat in der Farbfolge häkeln bis 46 (50/54) cm erreicht sind.

TIPP Um sich das Vernähen der Fäden zu ersparen, diese gleich beim Häkeln auf der Rückseite mitlaufen lassen und umhäkeln.

Fertigstellen: Die Schulternähte von rechts jeweils über 11 (13/15) cm in der Farbe der letzten Runde mit Überwendlichstichen um die hinteren Maschenglieder der letzten Runde zusammennähen.

Ärmel: Beidseitig der Schulternaht aus je ca. 19 (21/23) cm im Stäbchenmuster in der Farbfolge weiterarbeiten. Für die Ärmelschrägungen beidseitig 2x in jeder 16. Reihe je 1 Stäbchengruppe weniger arbeiten. In 42 (44/46) cm ab Ärmelbeginn die Arbeit beenden, dabei die letzte Runde in der Farbe der letzten Runde von Vorder- und Rückenteil arbeiten. Den **2. Ärmel** ebenso arbeiten.

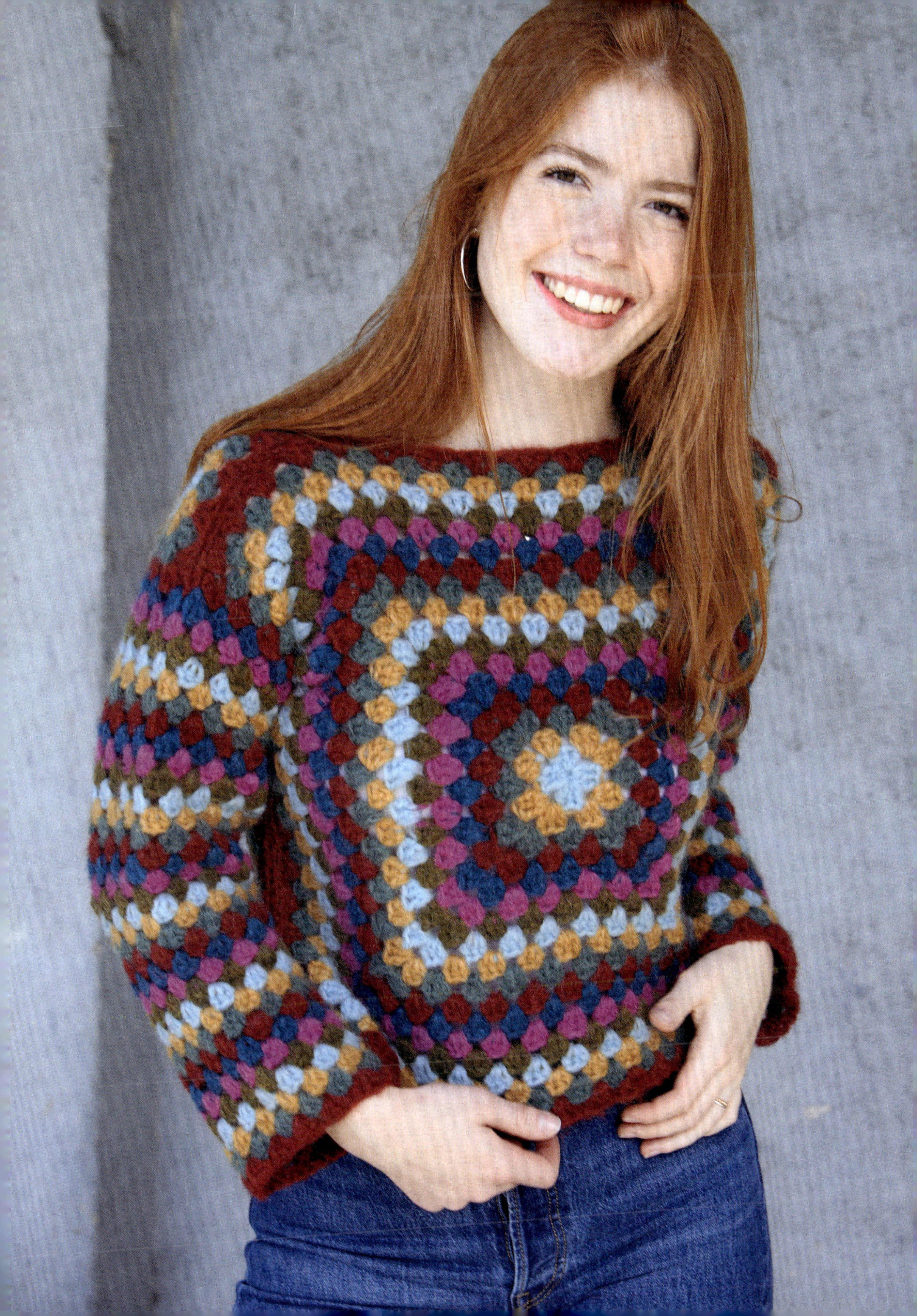

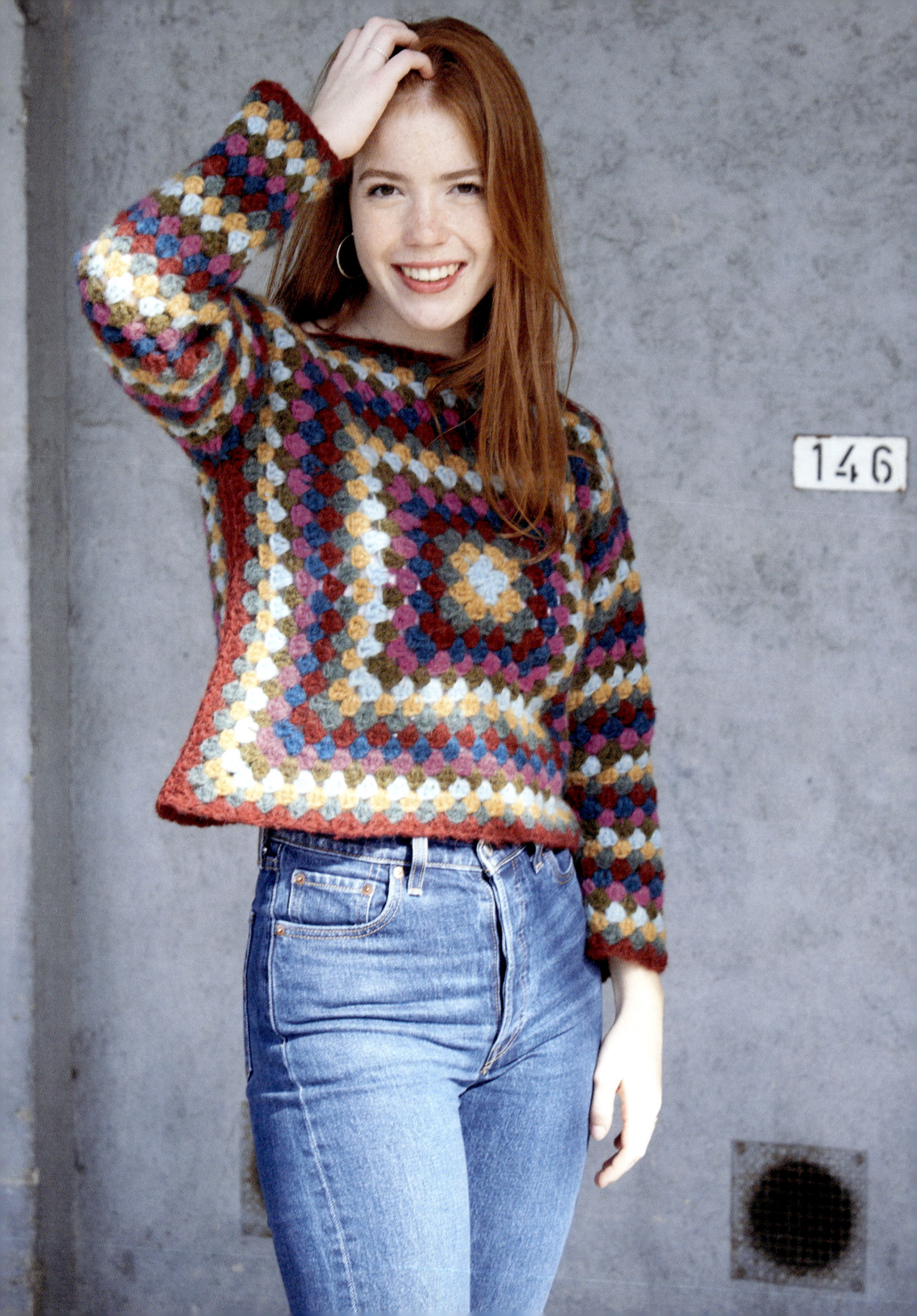
146

FERTIGSTELLEN

Die Ärmel- und Seitennähte von rechts in der Farbe der letzten Runde mit Überwendlichstichen um die hinteren Maschenglieder der letzten Runde zusammennähen.

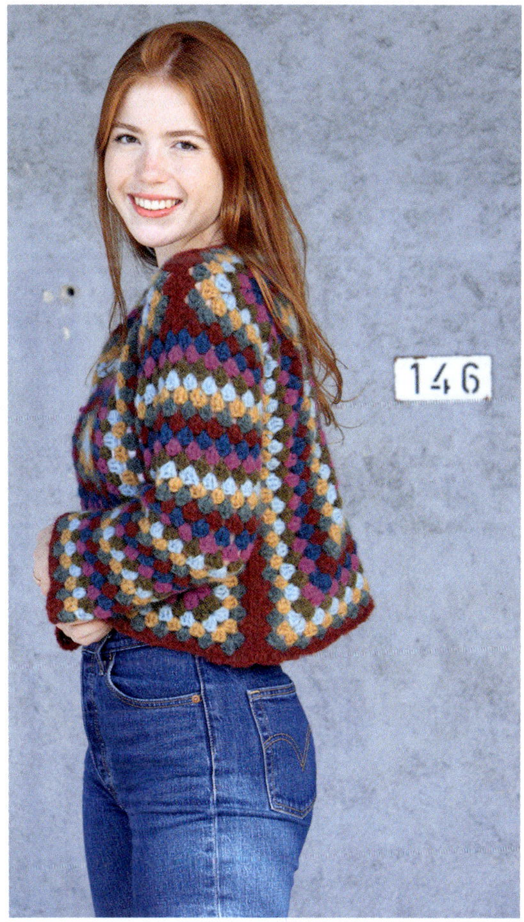

Vorder- und Rückenteil

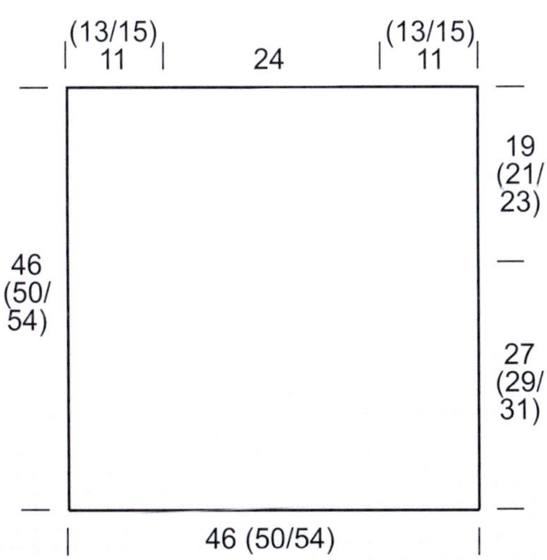

Ärmel

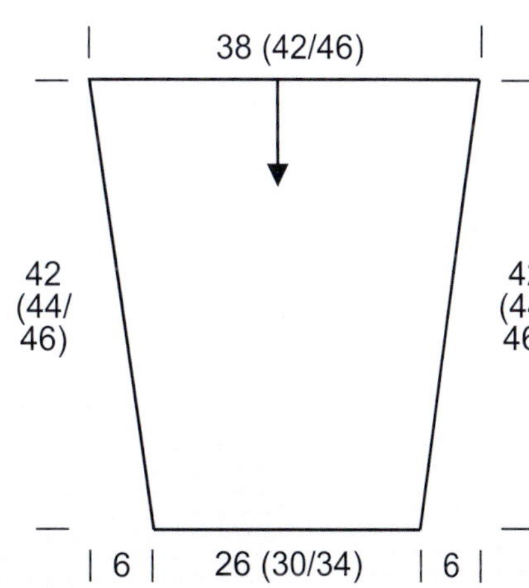

Pullunder Anna

GRÖßE

34, 36 und 38
Die Angaben für die größere Größe stehen hintereinander in Klammern. Steht nur eine Angabe, so gilt diese für alle Größen.

MATERIAL

Lana Grossa Cool Wool (100 % Schurwolle, LL = 160 m/50 g): 100 (100/150) g Petrolgrün (Fb 2015), 100 (100/150) g Moosgrün (Fb 2086), 100 g Maigrün (Fb 2088), 100 g Hellgrün (Fb 509), je 50 (100/100) g Dunkelbraun (Fb 2091), Dunkeloliv (Fb 2042), Khaki (Fb 2090), Resedagrün (Fb 2078), Grün (Fb 2017) und Weißgrün (Fb 2087); Häkelnadel 3 mm.

MUSTER

Häkelquadrat: 4 (5/6) Runden nach der Häkelschrift auf Seite 36 und 37 arbeiten. Die 1. Runde um einen verstellbaren Fadenring arbeiten (= Magic Loop). Für einen schönen Übergang bereits vor dem Abmaschen des halben Stäbchens am Rundenende den Farbwechsel vornehmen. Die letzte Runde wie bei der gezeichneten 5. Runde zur Runde schließen.

Häkeldreick: 4 (5/6) Reihen nach der Häkelschrift auf Seite 38 und 39 arbeiten. Die 1. Reihe um einen verstellbaren Fadenring arbeiten (= Magic Loop).

Feste Maschen: Jede Runde mit 1 Luftmasche beginnen und mit 1 Kettmasche in 1. feste Maschen zur Runde schließen.

Stäbchen: Jede Runde mit 3 Ersatz-Luftmaschen für das 1. Stäbchen beginnen und mit 1 Kettmasche in die oberste Ersatz-Luftmasche zur Runde schließen.

Farbfolge: Wie gewünscht arbeiten.

MASCHENPROBEN

1 Quadrat über 4 Runden = 9 cm x 9 cm.
1 Quadrat über 5 Runden = 11 cm x 11 cm.
1 Quadrat über 6 Runden = 13 cm x 13 cm.

SO WIRD'S GEMACHT

54 Quadrate und 16 Dreiecke in der Farbfolge häkeln.

FERTIGSTELLEN

Die Quadrate und die Dreiecke dem Schnitt entsprechend von rechts mit Überwendlichstichen um die hinteren Maschenglieder der letzten Runde zusammennähen. Zum besseren Verständnis sind die Dreiecke im Schnitt grau hinterlegt.
Den unteren Pullunderrand mit 2 Runden festen Maschen in der Wunschfarbe umhäkeln. Den Halsausschnitt ebenfalls in der Wunschfarbe mit 2 Runden festen Maschen umhäkeln, dabei in die Ecken in der 1. Runde je 3 zusammen abgemaschte feste Maschen und in der 2. Runden an den Schulterecke je 3 zusammen abgemaschte

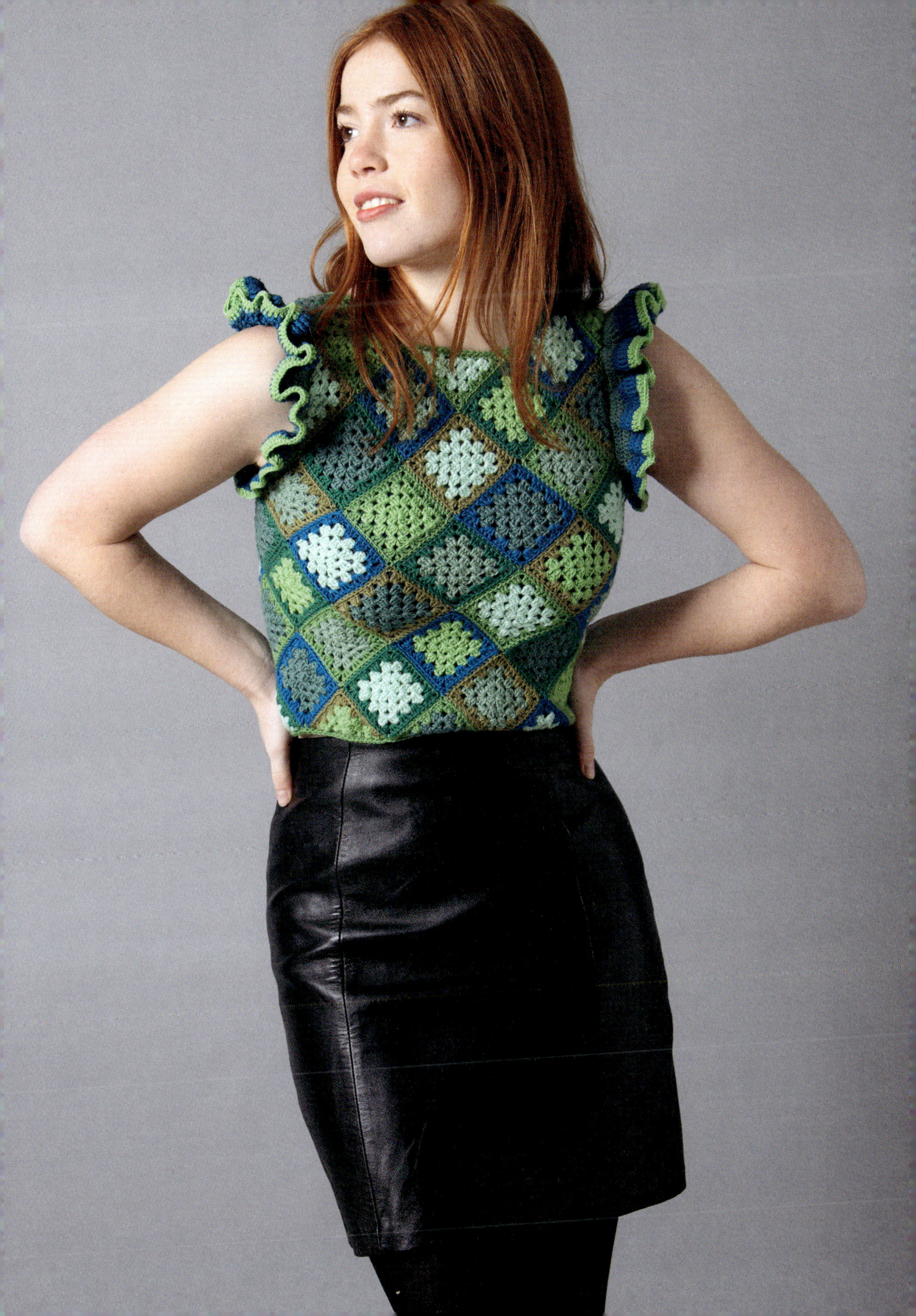

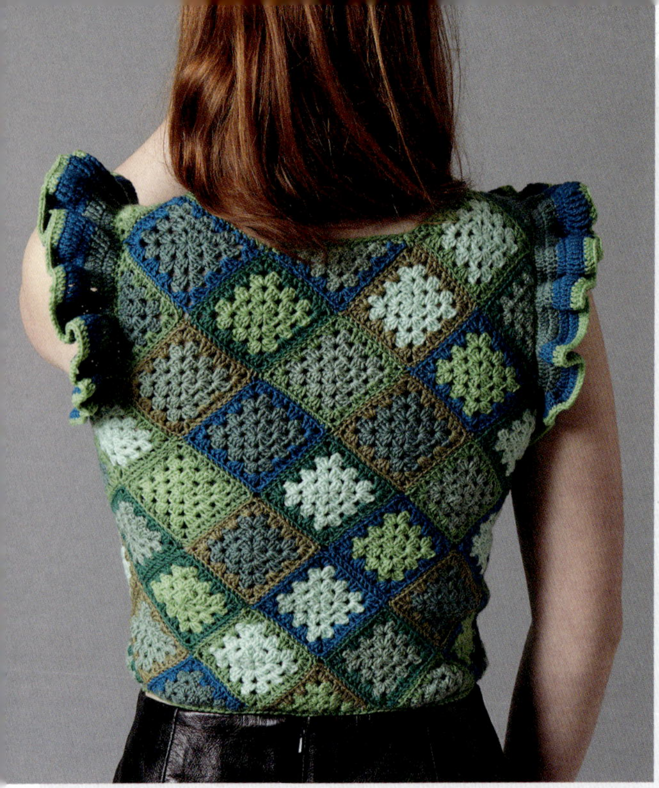

Vorder- und Rückenteil

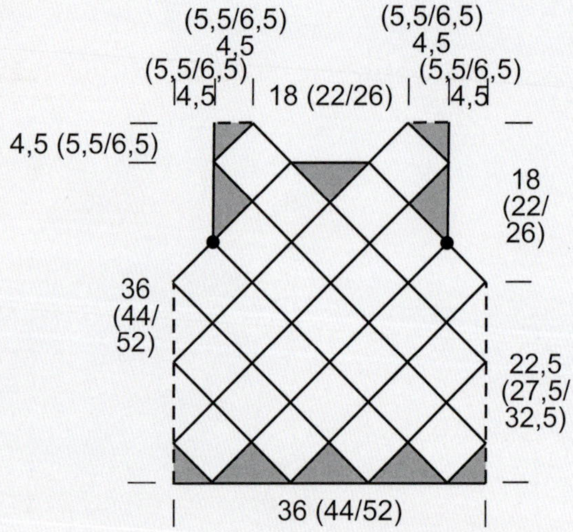

feste Maschen und an den unteren Halsausschnittecken je 3 zusammen abgemaschte halbe Stäbchen arbeiten.

Für die Rüschen die Armausschnitte jeweils in gewünschter Farbfolge wie folgt umhäkeln: An der Unterarmecke anschlingen. 1. und 2. Runde: Feste Maschen häkeln, dabei in die Unterarmecke 3 zusammen abgemaschte feste Maschen arbeiten. 3. Runde: Stäbchen häkeln, dabei bis bzw. ab der im Schnitt mit einem schwarzen Punkt gekennzeichnete Ecke in jede Masche 1 Stäbchen arbeiten und über die restlichen Maschen je 2 Stäbchen in 1 Masche arbeiten. 4. Runde: Bis zu der im Schnitt gekennzeichneten Ecke feste Maschen, über das folgenden Dreieck Stäbchen, dann über das mittlere Dreieck = Schulter Doppelstäbchen, danach über das folgende Dreieck wieder Stäbchen und ab der im Schnitt gekennzeichneten Ecke feste Maschen arbeiten. 5. Runde: Stäbchen häkeln, dabei je 2 Stäbchen in 1 Masche arbeiten.

6. Runde: Bis zu der im Schnitt gekennzeichneten Ecke feste Maschen, über die Hälfte des folgenden Dreiecks Stäbchen, dann über die andere Hälfte Doppelstäbchen, danach über das mittlere Dreieck = Schulter Dreifachstäbchen, danach über die Hälfte des folgenden Dreiecks Doppelstäbchen und über die andere Hälfte Stäbchen und ab der im Schnitt gekennzeichneten Ecke feste Maschen arbeiten. 7. Runde: Stäbchen häkeln.

Hinweis: Für die Farben der Rüschen am besten die Farben, von denen am meisten übrig ist, verwenden.

TIPP Um sich das Vernähen der Fäden zu ersparen, diese gleich beim Häkeln auf der Rückseite mitlaufen lassen und umhäkeln.

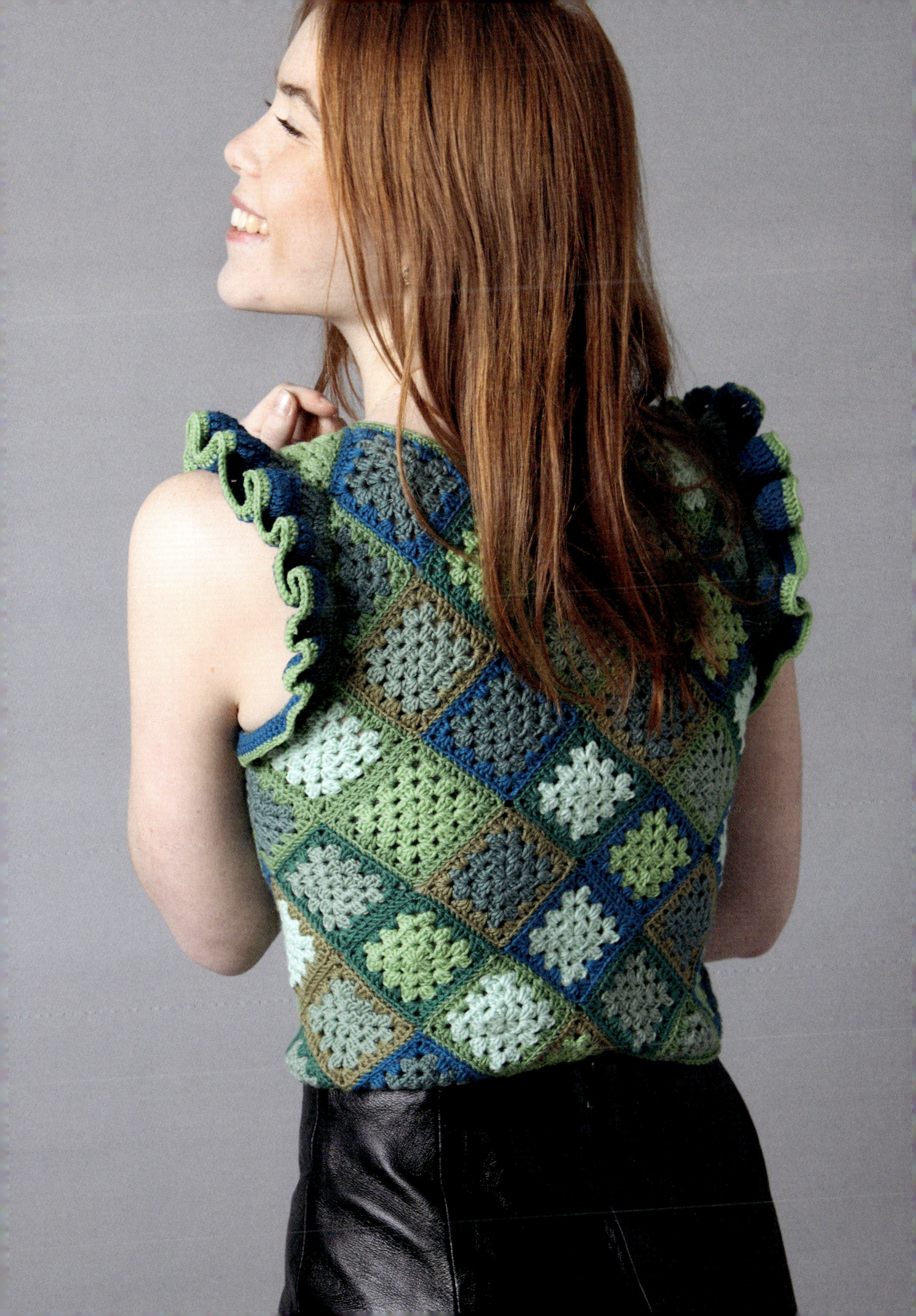

Top Britt

GRÖßE

34/36, 38/40 und 42/44
Die Angaben für die größere Größe stehen hintereinander in Klammern. Steht nur eine Angabe, so gilt diese für alle Größen.

MATERIAL

ggh Scarlett (100 % Baumwolle, LL = 110 m/50 g) 100 (150/150) g Zartbitterschokolade (Fb 006), je 50 (100/100) g Puder (Fb 075), Azalee (Fb 077), Altrosa (Fb 076) und Terracotta (Fb 083); Häkelnadel 4 mm.

MUSTER

Häkelquadrat: 7 (8/9) Runden nach der Häkelschrift auf Seite 36 und 37 arbeiten. Die 1. Runde um einen verstellbaren Fadenring arbeiten (= Magic Loop). Für einen schönen Übergang bereits vor dem Abmaschen des halben Stäbchens am Rundenende den Farbwechsel machen. Die letzte Runde wie bei der gezeichneten 5. Runde zur Runde schließen.

Häkeldreick: 7 (8/9) Reihen nach der Häkelschrift auf Seite 38 und 39 arbeiten. Die 1. Reihe um einen verstellbaren Fadenring arbeiten (= Magic Loop).

Farbfolge: 2 Runden Azalee, 2 Runden Puder, 1 Runde Altrosa, 1 (2/2) Runden Terracotta, 1 (1/2) Runden Zartbitterschokolade.

MASCHENPROBEN

1 Quadrat über 7 Runden = 13 cm x 13 cm, ca. 18 cm in der Diagonalen.
1 Quadrat über 8 Runden = 15 cm x 15 cm, ca. 21,5 cm in der Diagonalen.
1 Quadrat über 9 Runden = 17 cm x 17 cm, ca. 26 cm in der Diagonalen.

SO WIRD'S GEMACHT

10 Quadrate und 4 Dreiecke in der Farbfolge häkeln.

FERTIGSTELLEN

Die Quadrate und die Dreiecke dem Schnitt entsprechend von rechts in Zartbitterschokolade mit Überwendlichstichen um die hinteren Maschenglieder der letzten Runde zusammennähen. Zum besseren Verständnis sind die Dreiecke im Schnitt grau hinterlegt. Den unteren Rand in Zartbitterschokolade mit 1 Runde fester Maschen umhäkeln. Für die Träger an die oberen Ecken des Vorderteils in Zartbitterschokolade anschlingen und jeweils eine ca. 65 (75/85) cm lange Luftmaschenkette häkeln. Die Träger in der oberen Mitte durch das Rückenteil ziehen und zur Schleife binden.

TIPP Um sich das Vernähen der Fäden zu ersparen, diese gleich beim Häkeln auf der Rückseite mitlaufen lassen und umhäkeln.

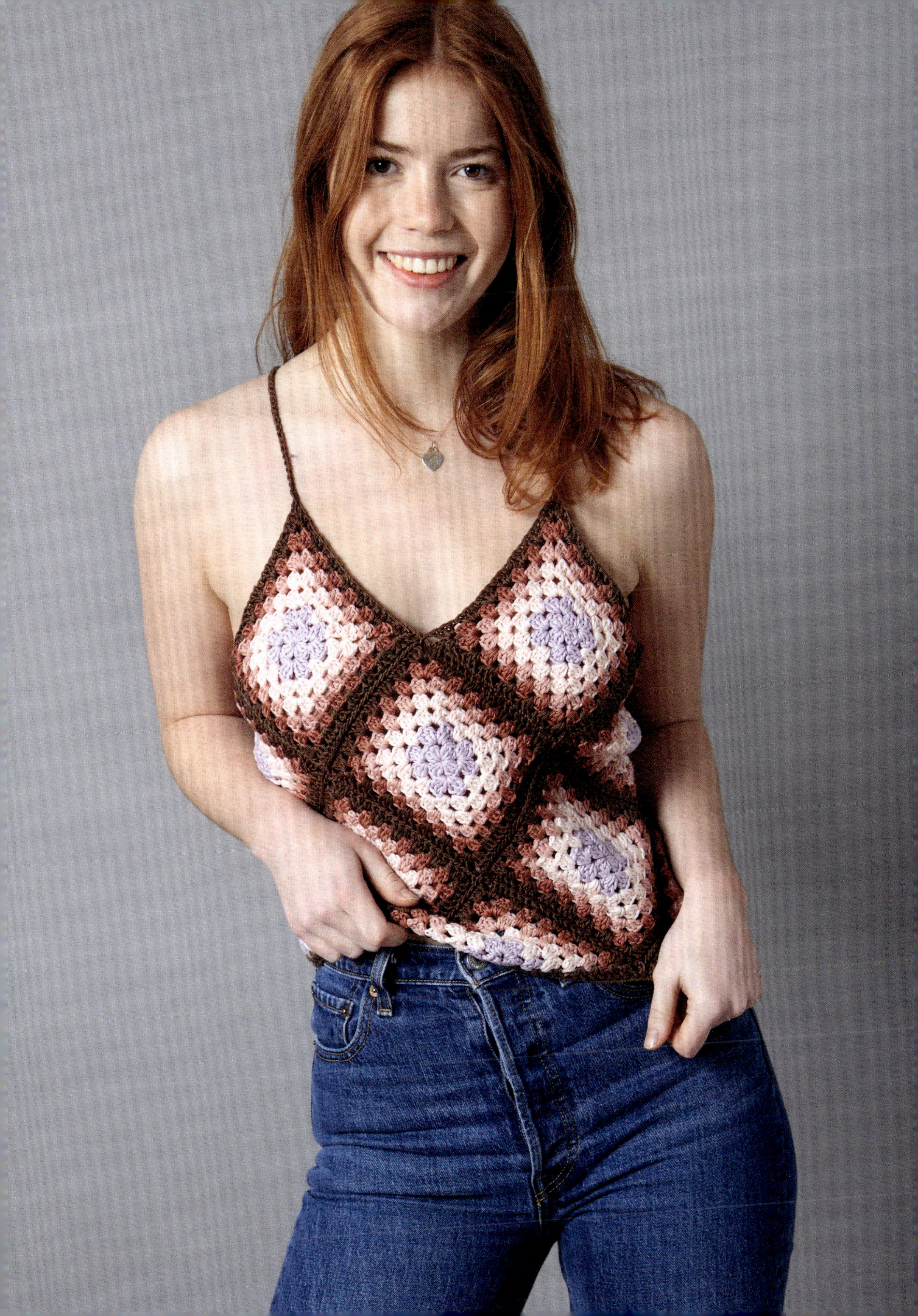

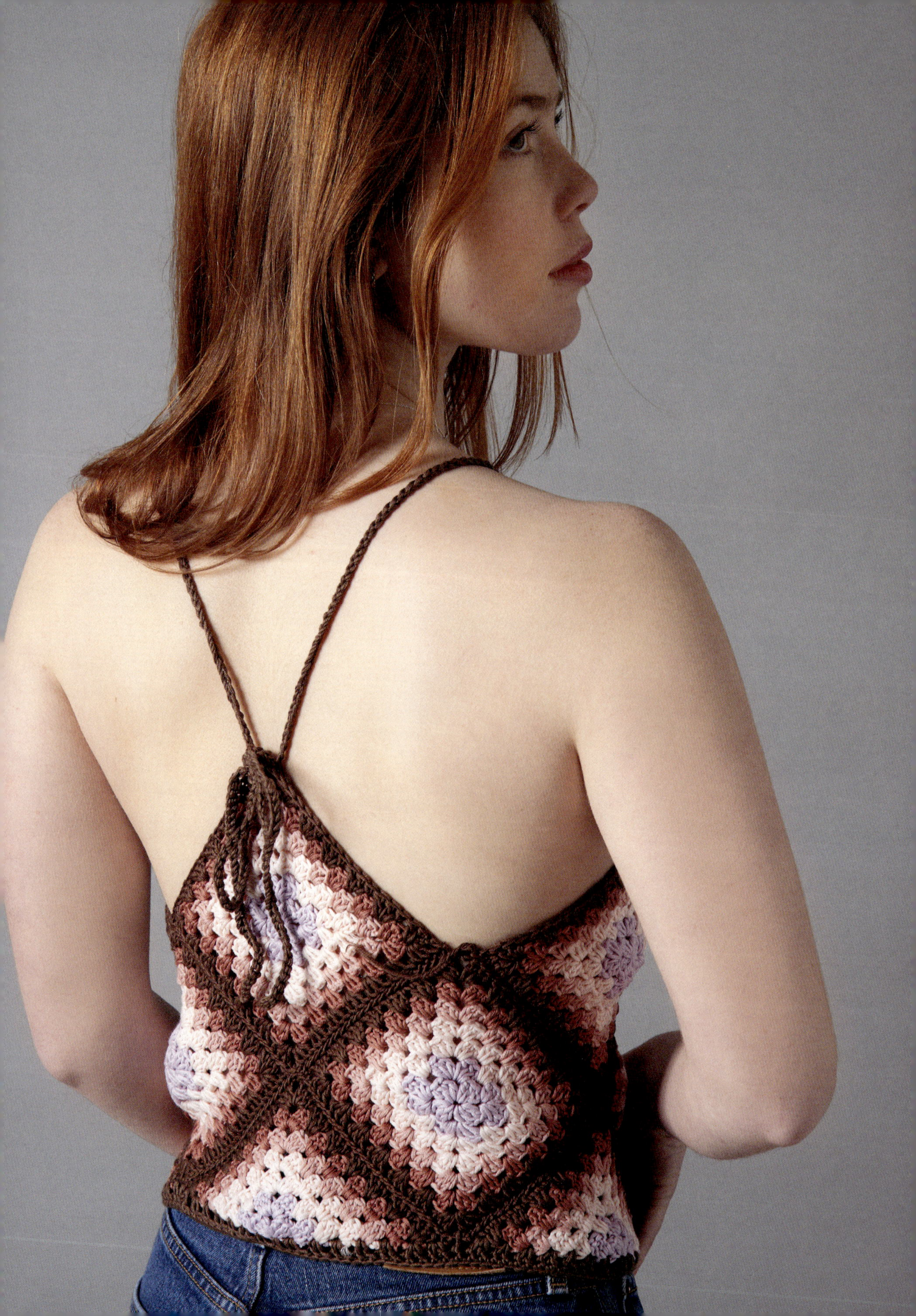

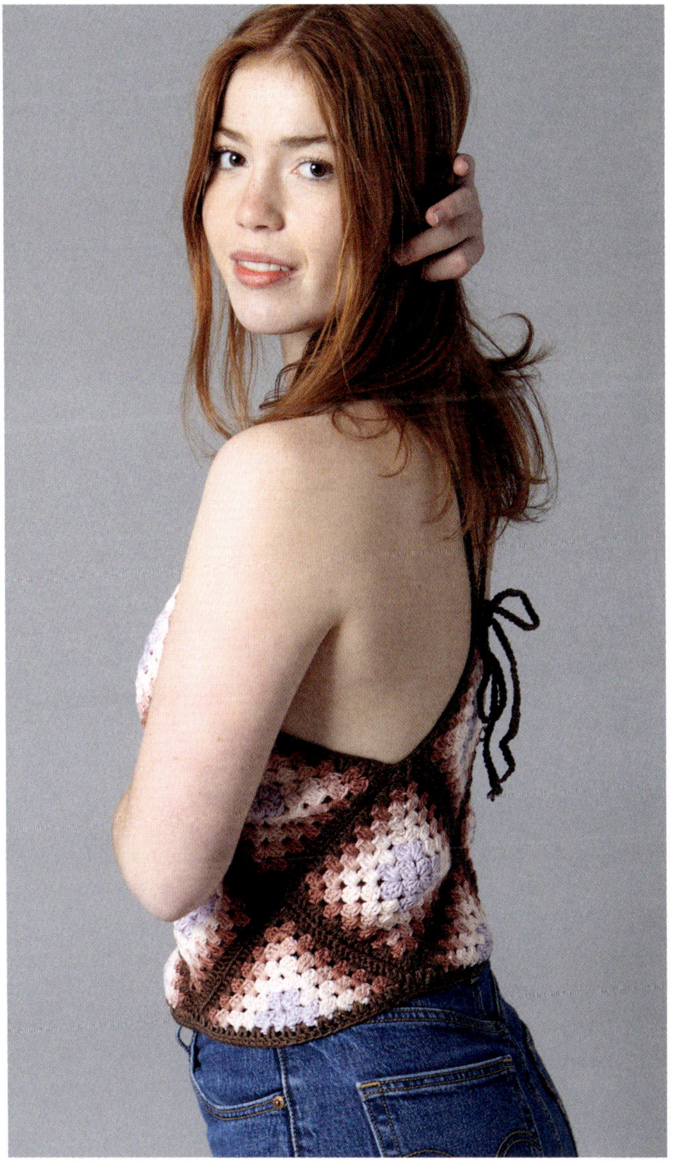

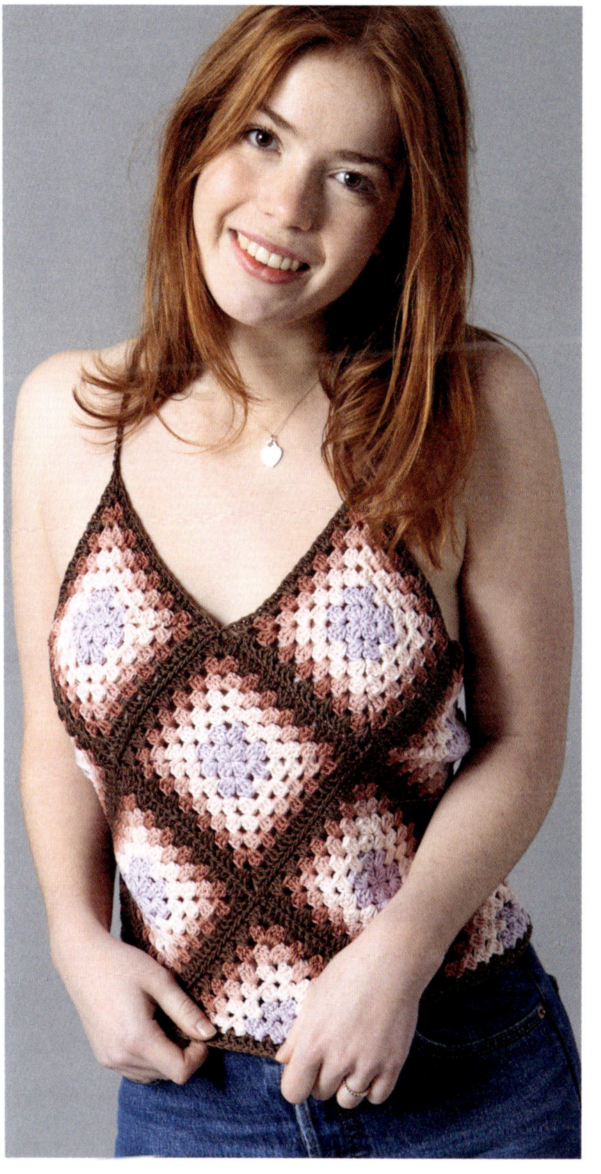

Vorder- und Rückenteil

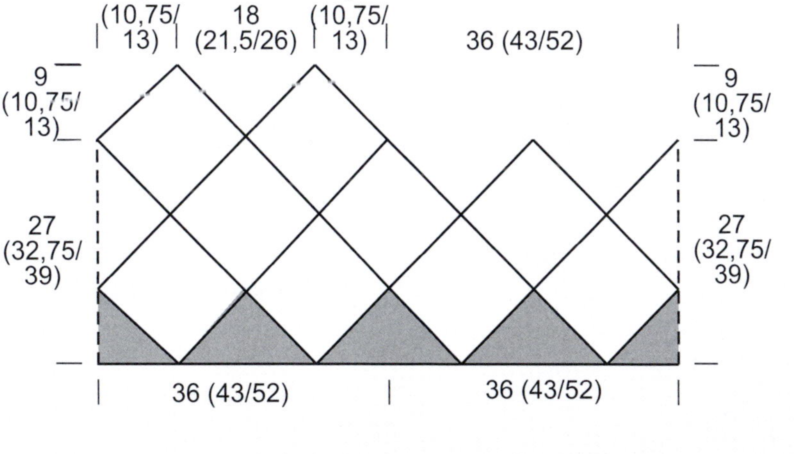

Rock Floor

GRÖßE

34/36, 38/40 und 42/44
Die Angaben für die größere Größe stehen hintereinander in Klammern. Steht nur eine Angabe, so gilt diese für alle Größen.

MATERIAL

Lana Grossa Elastico (96 % Baumwolle, 4 % Polyester, LL = 160 m/50 g): je 50 (50/100) g Weiß (Fb 1), Sonnengelb (Fb 107), Dunkelrot (Fb 23), Enzianblau (Fb 157), Royal (Fb 114), Orange (Fb 169) und Fliederlila (Fb 164); Häkelnadel 3,5 mm und 5 mm.

MUSTER

Häkelquadrat: 6 (7/8) Runden nach der Häkelschrift auf Seite 36 und 37 arbeiten. Die 1. Runde um einen verstellbaren Fadenring arbeiten (= Magic Loop). Für einen schönen Übergang bereits vor dem Abmaschen des halben Stäbchens am Rundenende den Farbwechsel machen. Die letzte Runde wie bei der gezeichneten 5. Runde zur Runde schließen.

Stäbchen: <u>1. Runde:</u> 3 Ersatz-Luftmaschen (= 1. Stäbchen), in jede M 1 Stäbchen arbeiten, mit 1 Kettmasche in die oberste Ersatz-Luftmasche zur Runde schließen.

Farbfolge: Wie gewünscht arbeiten.

MASCHENPROBEN

1 Quadrat über 6 Runden = 10,5 cm x 10,5 cm.
1 Quadrat über 7 Runden = 12,5 cm x 12,5 cm.
1 Quadrat über 8 Runden = 14,5 cm x 14,5 cm.

SO WIRD'S GEMACHT

24 Quadrate in der Farbfolge mit Häkelnadel 3,5 mm häkeln.

Hinweis: Dieser Rock kann einfach je nach Wunsch verlängert werden, dafür einfach eine weitere Runde Quadrate häkeln.

FERTIGSTELLEN

Die Quadrate dem Schnitt entsprechend von rechts in der jeweils passenden Farbe mit Überwendlichstichen um die hinteren Maschenglieder der letzten Runde zusammennähen. Den unteren Rockrand mit 1 Runde fester Maschen in Weiß umhäkeln.
Den oberen Rockrand in Weiß mit 1 Runde fester Maschen, 2 Runden Stäbchen und 1 Runde fester Maschen umhäkeln. Für das Band eine ca. 150 (170/190) cm lange Luftmaschenkette mit Häkelnadel 5 mm zweifädig in Weiß anschlagen und diese mit Kettmaschen behäkeln. Das Band in die 2. Stäbchen-Runde einziehen. Wenn gewünscht an das Band-Ende je 1 Schmuckperle nähen.

TIPP Um sich das Vernähen der Fäden zu ersparen, diese gleich beim Häkeln auf der Rückseite mitlaufen lassen und umhäkeln.

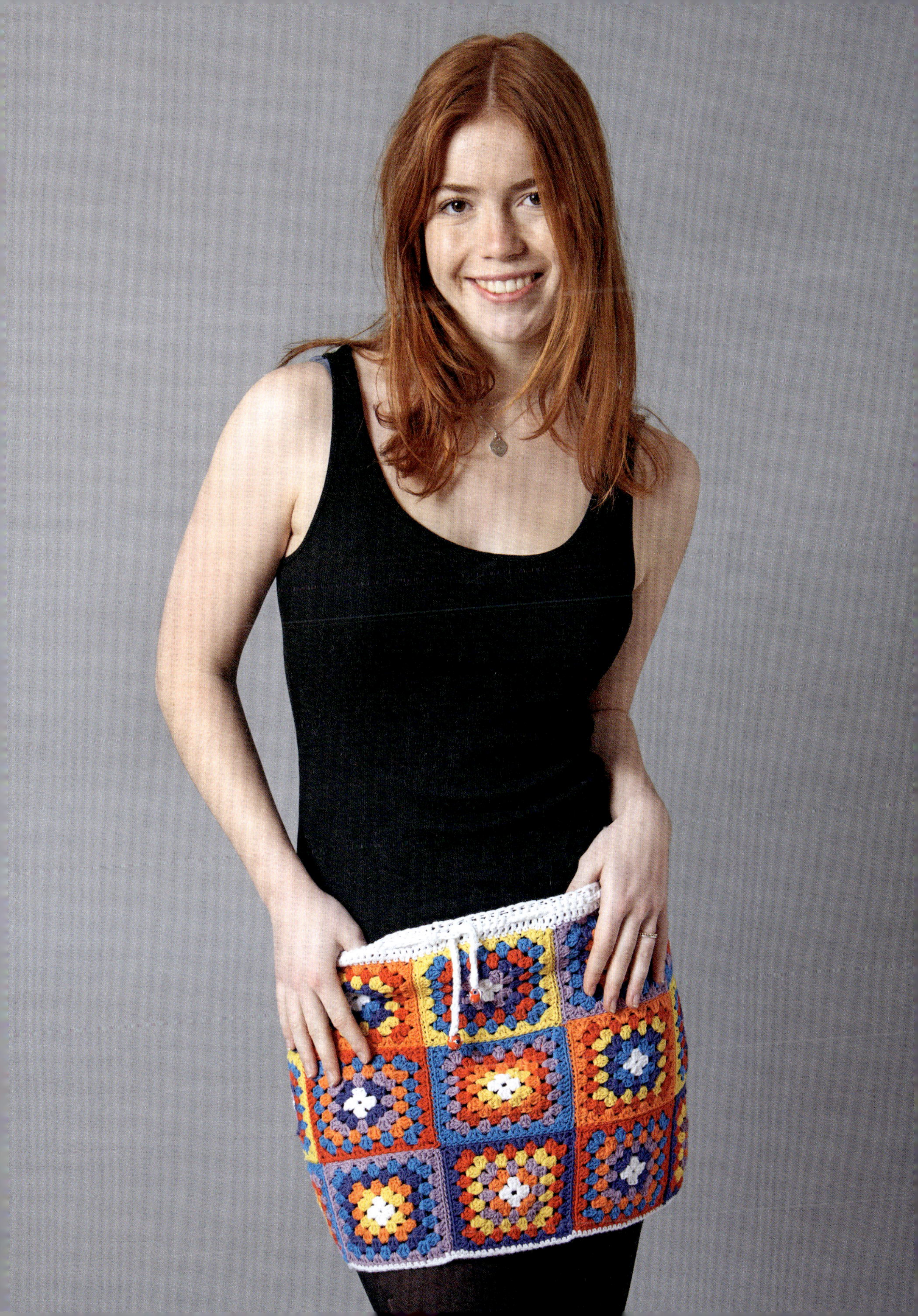

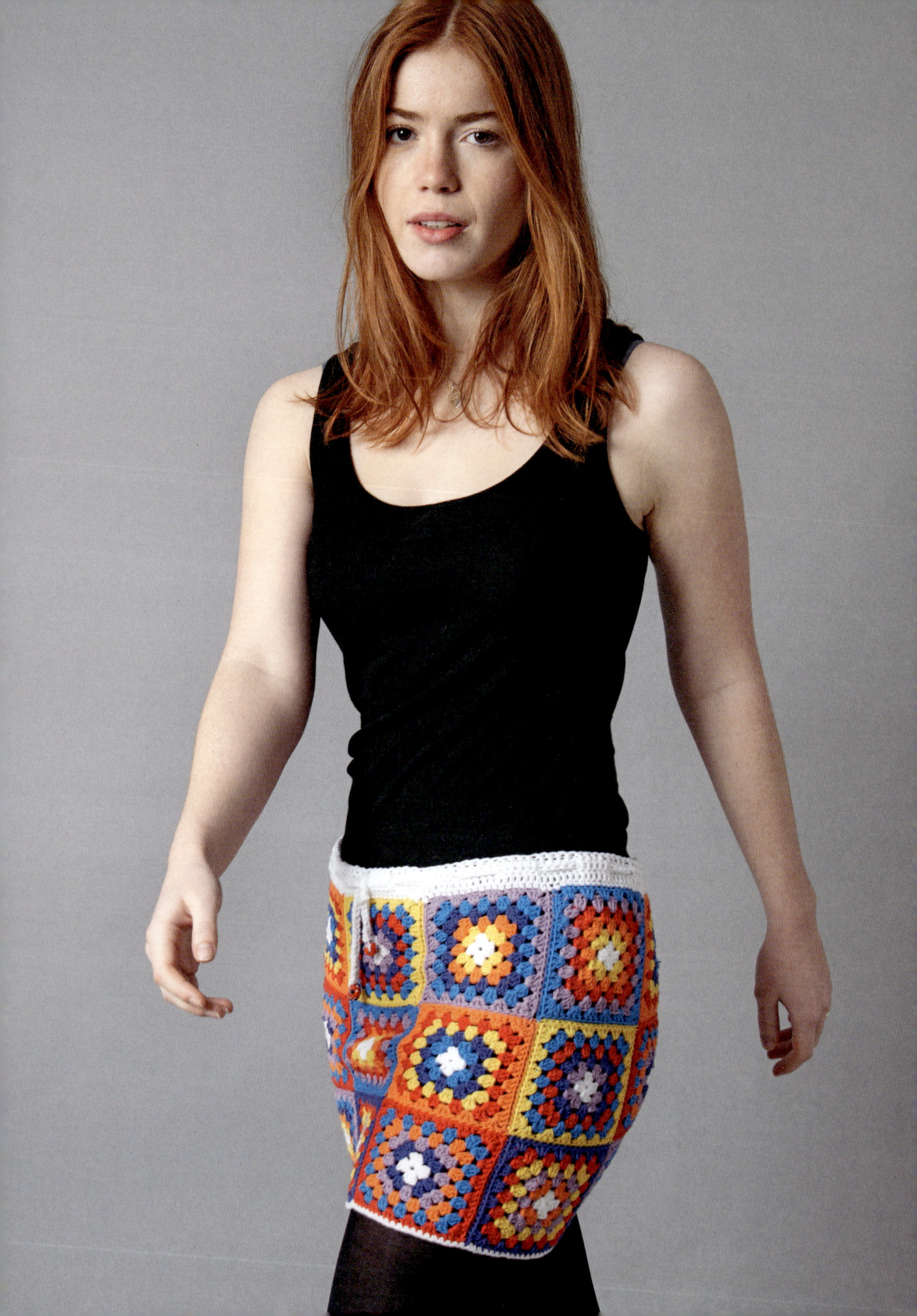

Rock-Hälfte

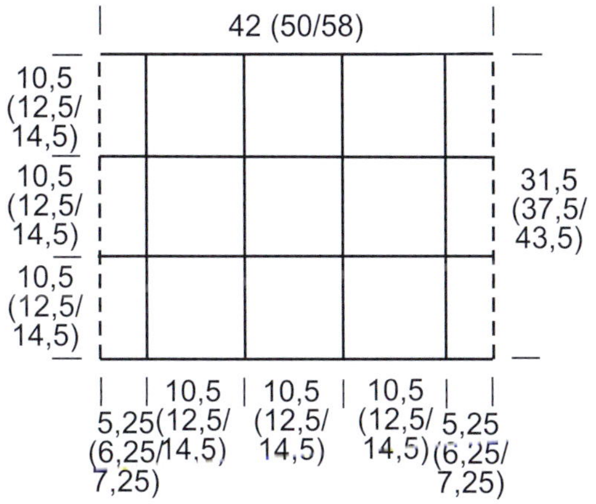
42 (50/58)
10,5 (12,5/ 14,5)
10,5 (12,5/ 14,5)
10,5 (12,5/ 14,5)
31,5 (37,5/ 43,5)
5,25 (6,25/ 7,25)
10,5 (12,5/ 14,5)
10,5 (12,5/ 14,5)
10,5 (12,5/ 14,5)
5,25 (6,25/ 7,25)

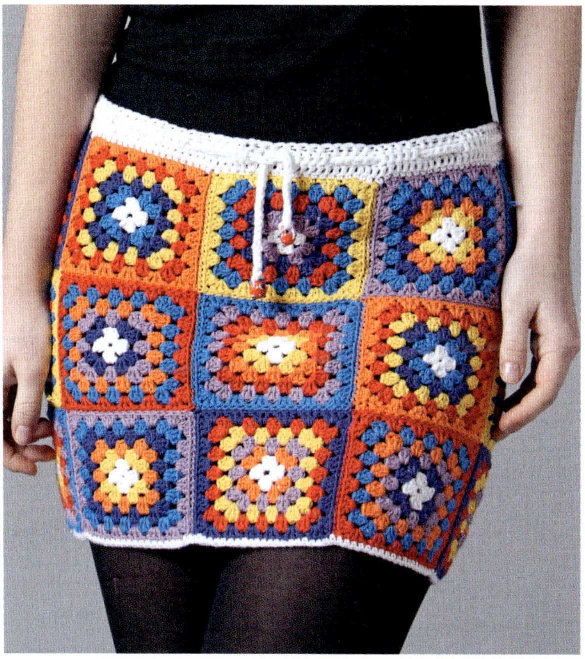

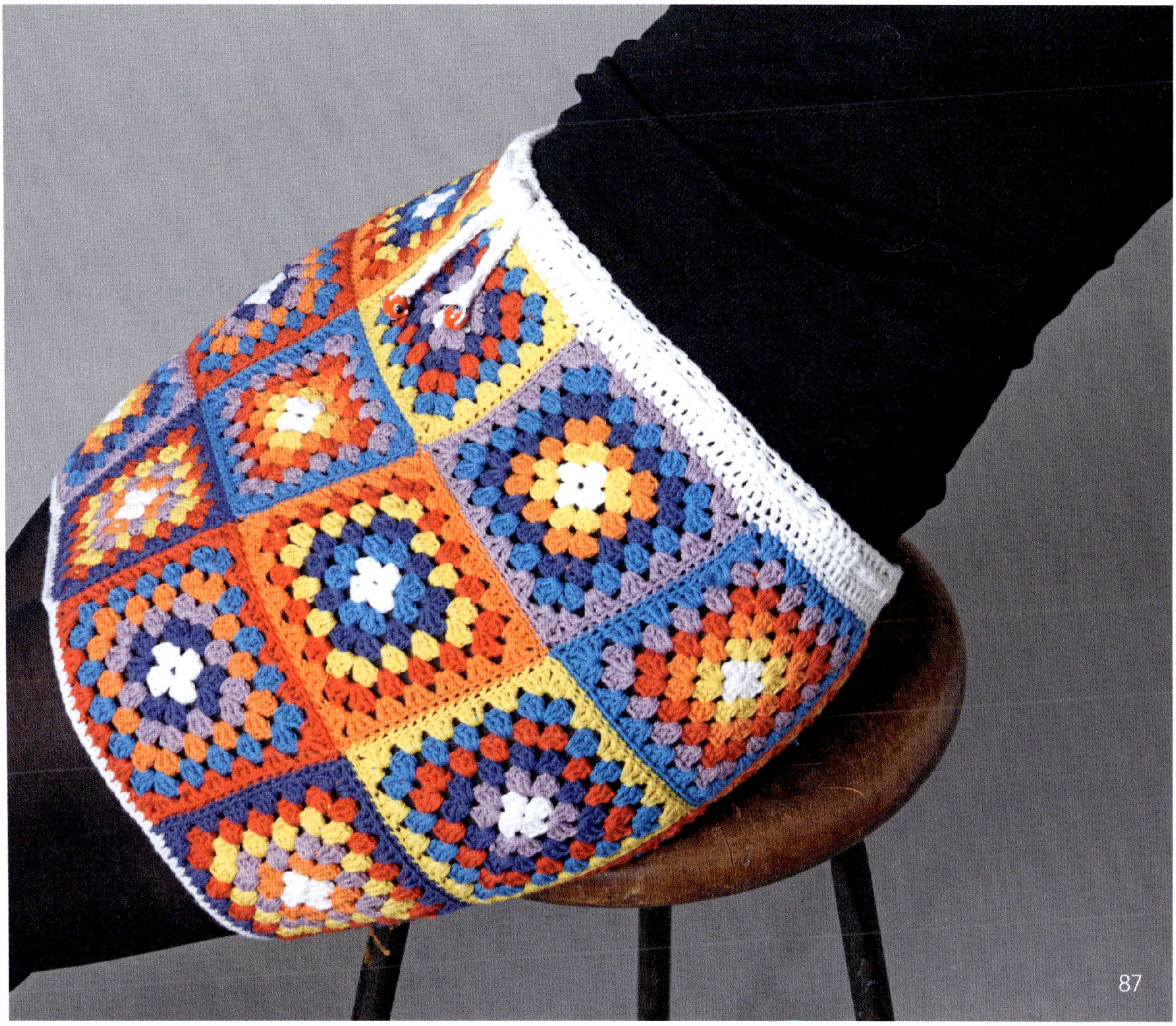

Kleid Susanne

GRÖßE

36/38, 40/42 und 44/46
Die Angaben für die größere Größe stehen hintereinander in Klammern. Steht nur eine Angabe, so gilt diese für alle Größen.

MATERIAL

Buttinette Woll Butt Primo Sina (65 % Baumwolle, 25 % Lyocell, 10 % Leinen, LL = 170 m/50 g): je 100 (150/50) g Creme (Fb 102629), Dunkelrot (Fb 102625), Hellblau (Fb 102626), Mint (Fb 102627), Rosenholz (Fb 102624), Rost (Fb 102631), Salbei (Fb 102628) und Taupe (Fb 120632); Häkelnadel 2,5 mm.

MUSTER

Häkelquadrat: Nach der Häkelschrift arbeiten. Die 1. Runde um einen verstellbaren Fadenring arbeiten (= Magic Loop). Für einen schönen Übergang vor dem Abmaschen des halben Stäbchens am Rundenende den Farbwechsel vornehmen. Fortlaufend arbeiten.

Stäbchenmuster in Reihen: Maschenzahl teilbar durch 3 + 1
1. Reihe: 3 Ersatz-Luftmaschen (= 1. Stäbchen), 1 Stäbchen in die gleiche Masche, * mit 1 Luftmasche 2 Luftmaschen überspringen, 3 Stäbchen in 1 Luftmasche, ab * stets wiederholen, mit 1 Luftmasche 2 Luftmaschen überspringen, 2 Stäbchen in die letzte Luftmasche. 2. Reihe: 3 Ersatz-Luftmaschen (= 1. Stäbchen), * 3 Stäbchen um die Luftmasche der Vorreihe, 1 Luftmasche, ab * stets wiederholen, 1 Stäbchen. 3. Reihe: 3 Ersatz-Luftmaschen (= 1. Stäbchen), 1 Stäbchen in die gleiche Masche, * 1 Luftmasche, 3 Stäbchen um die Luftmasche der Vorreihe, ab * stets wiederholen, 1 Luftmasche, 2 Stäbchen in die oberste Ersatz-Luftmasche.
1x die 1.–3. Reihe arbeiten, dann die 2. und 3. Reihe stets wiederholen.

Stäbchenmuster in Runden: 1. Runde: 3 Ersatz-Luftmaschen (= 1. Stäbchen), 1 Stäbchen in die gleiche Masche, * 1 Luftmasche, 3 Stäbchen um die Luftmasche der Vorrunde, ab * stets wiederholen, 1 Luftmasche, 1 Stäbchen in die gleiche Masche wie das 1. Stäbchen, mit 1 Kettmasche in die oberste Ersatz-Luftmaschen zur Runde schließen. 2. Runde: 2 Kettmaschen, 3 Ersatz-Luftmaschen (= 1. Stäbchen), 1 Stäbchen in die gleiche Masche, * 1 Luftmasche, 3 Stäbchen um die Luftmasche der Vorrunde, ab * stets wiederholen, 1 Stäbchen in die gleiche Masche wie das 1. Stäbchen, mit 1 Kettmasche in die oberste Ersatz-Luftmaschen zur Runde schließen.
1x die 1. und 2. Runde arbeiten, dann die 2. Runde stets wiederholen.

Farbfolge: Wie gewünscht arbeiten, jedoch die letzte Runde von Vorder- und Rückenteil in der gleichen Farbe arbeiten.

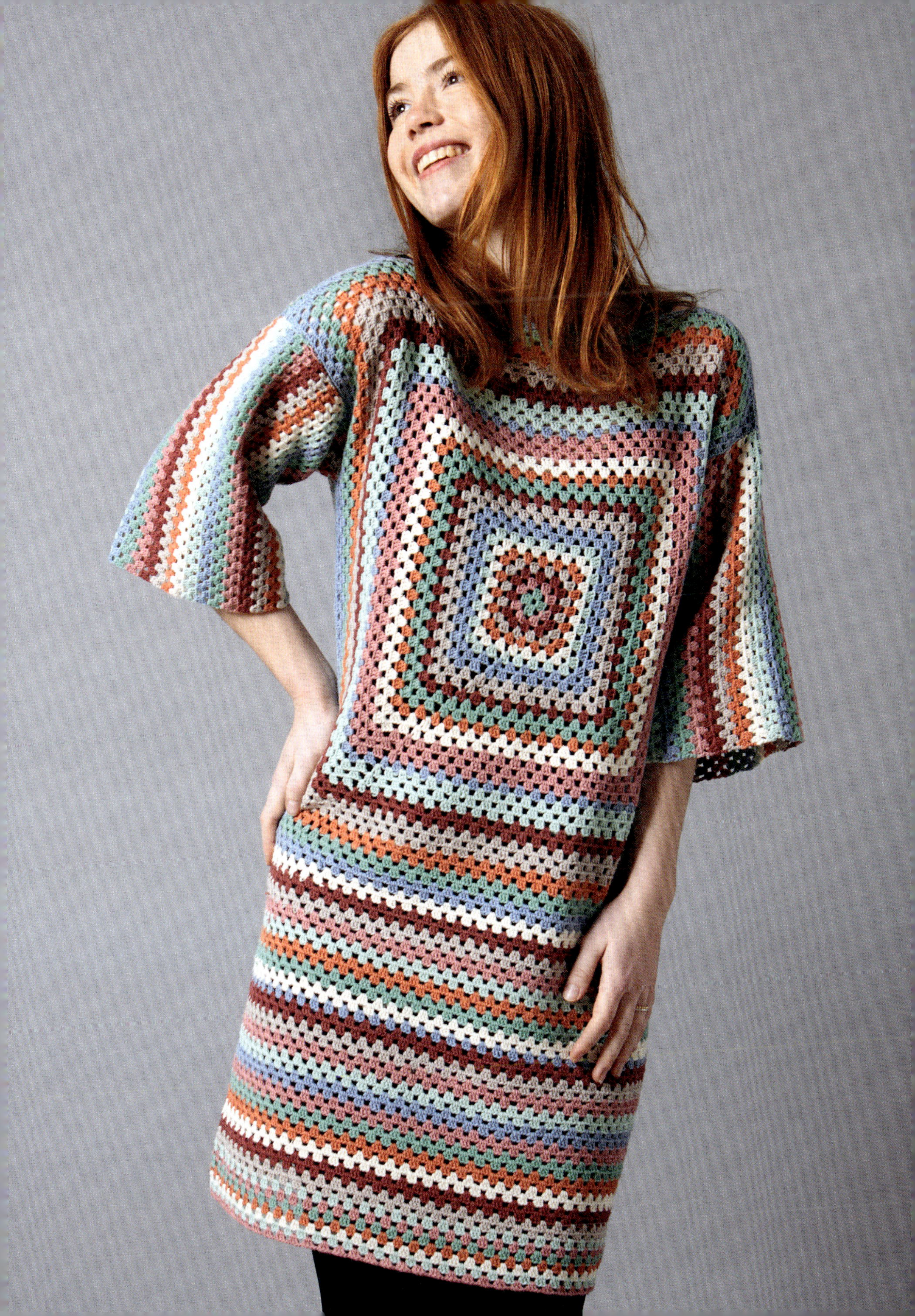

MASCHENPROBEN

1 Quadrat über 7 Runden = 11 cm x 11 cm. Stäbchenmuster: 4 Rapporte = 8 Stäbchengruppe + je 1 Luftmasche und 13,5 Reihen/Runden = 10,5 cm x 10 cm.

SO WIRD'S GEMACHT

Rücken- und Vorderteil: Je 1 Quadrat in der Farbfolge häkeln, nach 52 (56/60) cm = 38 (41/44) Runden die Arbeit beenden.

TIPP Um sich das Vernähen der Fäden zu ersparen, diese gleich beim Häkeln auf der Rückseite mitlaufen lassen und umhäkeln.

Ärmel: 66 (69/75) Luftmaschen + 3 Ersatz-Luftmaschen (= 1. Stäbchen) in der gewünschten Farbe anschlagen und 42 (46/50) cm = 57 (62/67) Reihen im Stäbchenmuster in beliebiger Farbfolge arbeiten. Arbeit beenden. Den **2. Ärmel** ebenso arbeiten.

Vorder- und Rückenteil

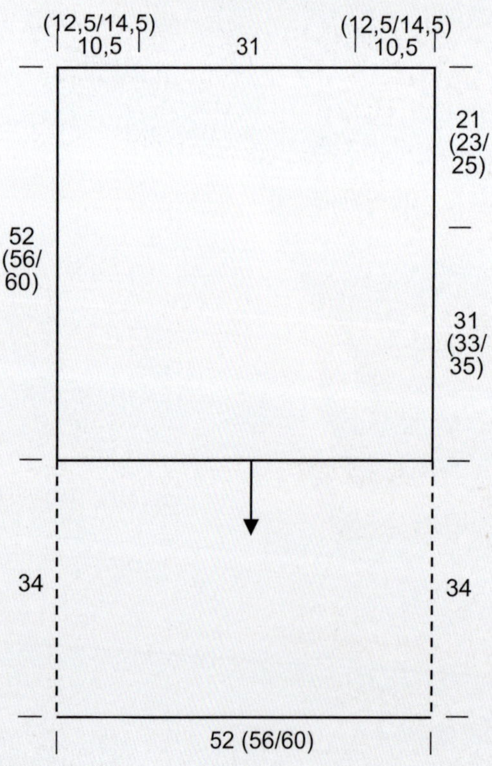

FERTIGSTELLEN

Die Schulternähte von rechts in der Farbe der letzten Runde mit Überwendlichstichen um die hinteren Maschenglieder der letzten Runde zusammennähen. Die Ärmel einsetzen und die Ärmel- und Seitennähte schließen. Für den Rock des Kleids den unteren Rand der Quadrate noch weitere 34 cm = 46 Runden im Stäbchenmuster in beliebiger Farbfolge weiterarbeiten. Dann die Arbeit beenden.

Häkelschrift

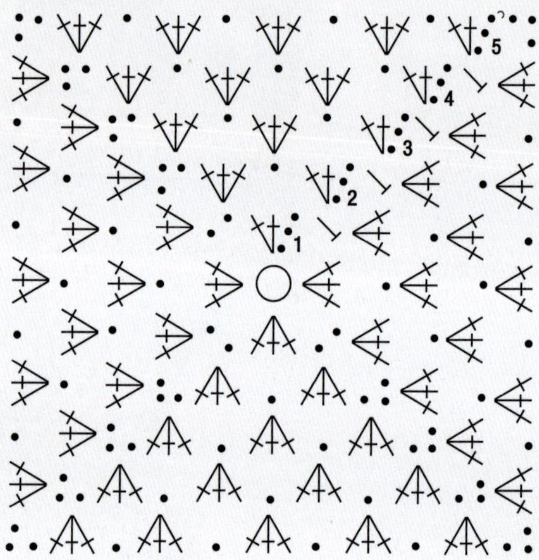

Zeichenerklärung

● = 1 Luftmasche

c = 1 Kettmasche

T = 1 halbes Stäbchen

† = 1 Stäbchen

Ärmel

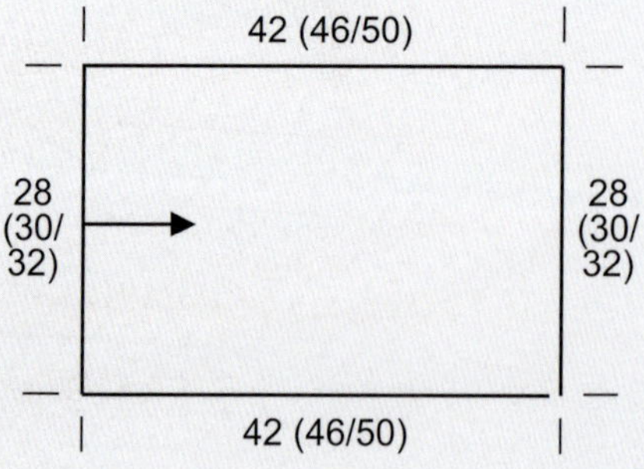

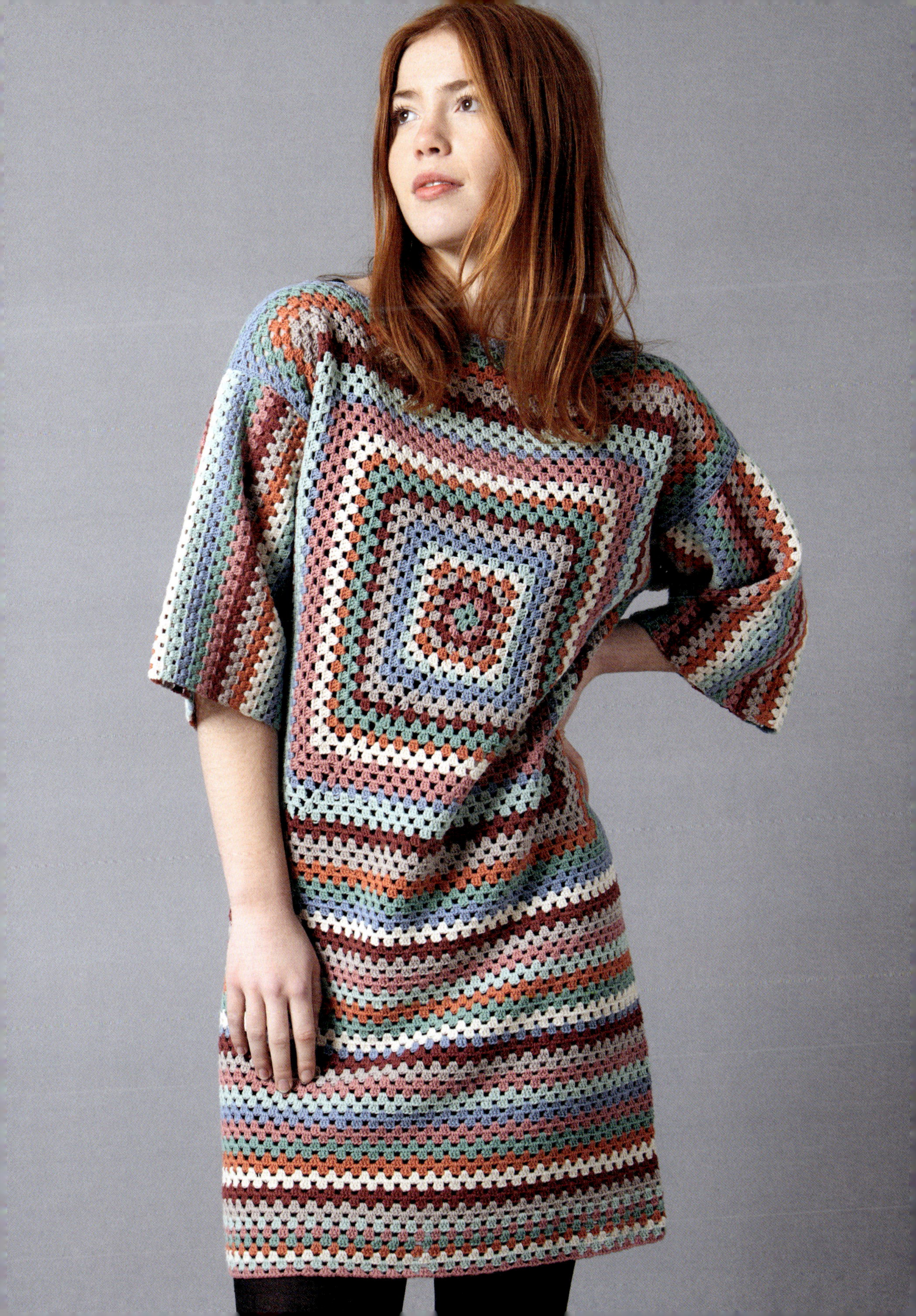

Dreiecktuch Sandra

GRÖßE

77 cm x 174 cm

MATERIAL

Lana Grossa Per Fortuna (74 % Baumwolle, 26 % Polyamid, LL = 190 m/50 g): 150 g Silbergrau (Fb 21), je 100 g Ecru (Fb 8) und Blau (Fb 16) und je 50 g Pink (Fb 3) und Taubenblau (Fb 23); Häkelnadel 4 mm.

MUSTER

Häkeldreieck: Nach der Häkelschrift auf Seite 38 und 39 arbeiten. Die 1. Runde um einen verstellbaren Fadenring arbeiten (= Magic Loop). Für einen schönen Übergang bereits vor dem Abmaschen des letzten Stäbchens den Farbwechsel vornehmen. Fortlaufend arbeiten.

Farbfolge: Je 2 Runden Silbergrau, Pink, Silbergrau, Taubenblau, Ecru und Blau.

MASCHENPROBE

1 Dreieck über 10 Reihen = 10,5 cm x 10,5 cm.

SO WIRD'S GEMACHT

Ein Dreieck über 62 Reihen in der Farbfolge häkeln. Dann 1 Reihe Krebsmaschen (= feste Maschen von rechts nach links) häkeln.

FERTIGSTELLEN

In die Ecken je eine 6 cm große Quaste aus Silbergrau, Ecru und Taubenblau anbringen.

TIPP Um sich das Vernähen der Fäden zu ersparen, diese gleich beim Häkeln auf der Rückseite mitlaufen lassen und umhäkeln.

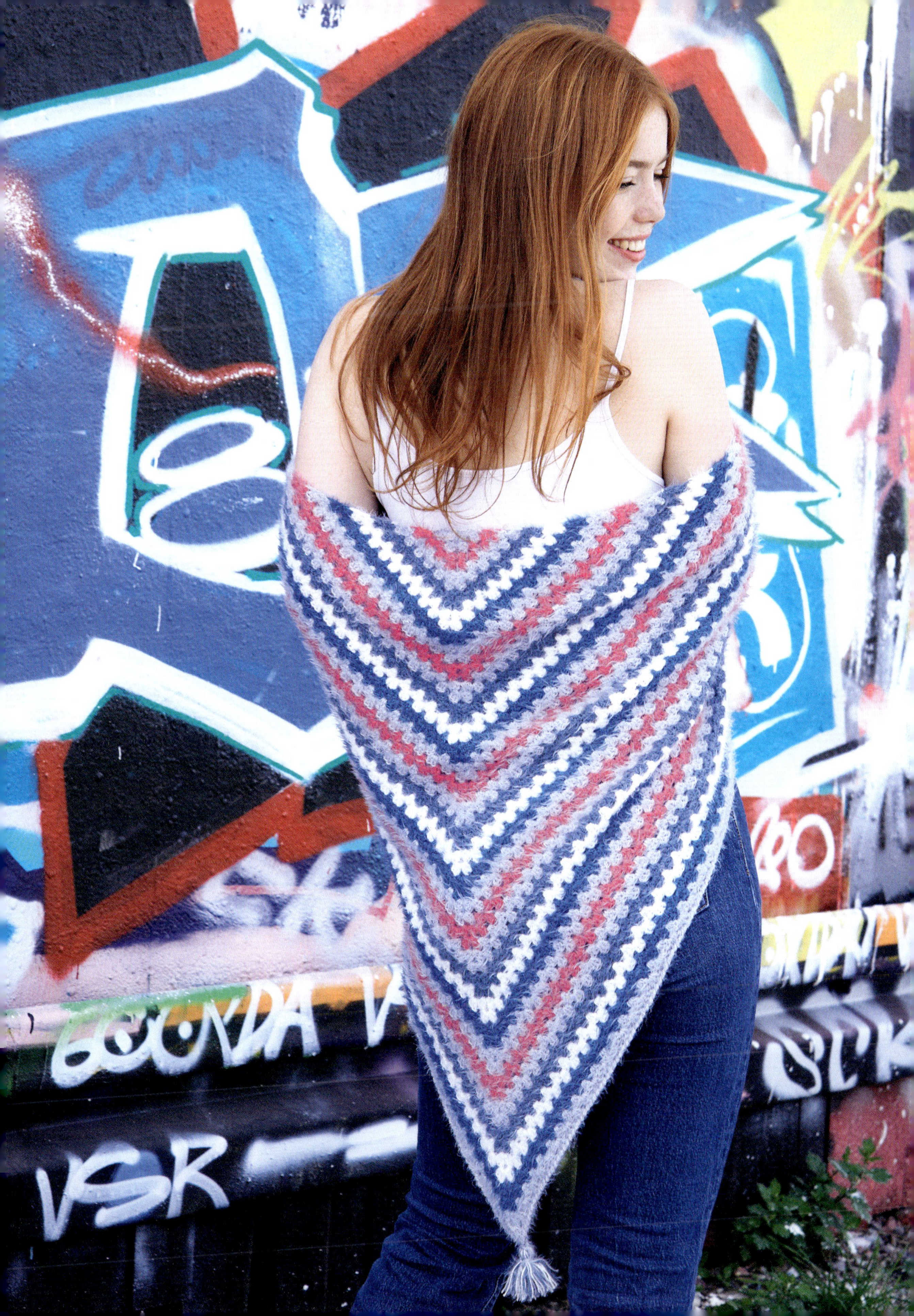
VSR

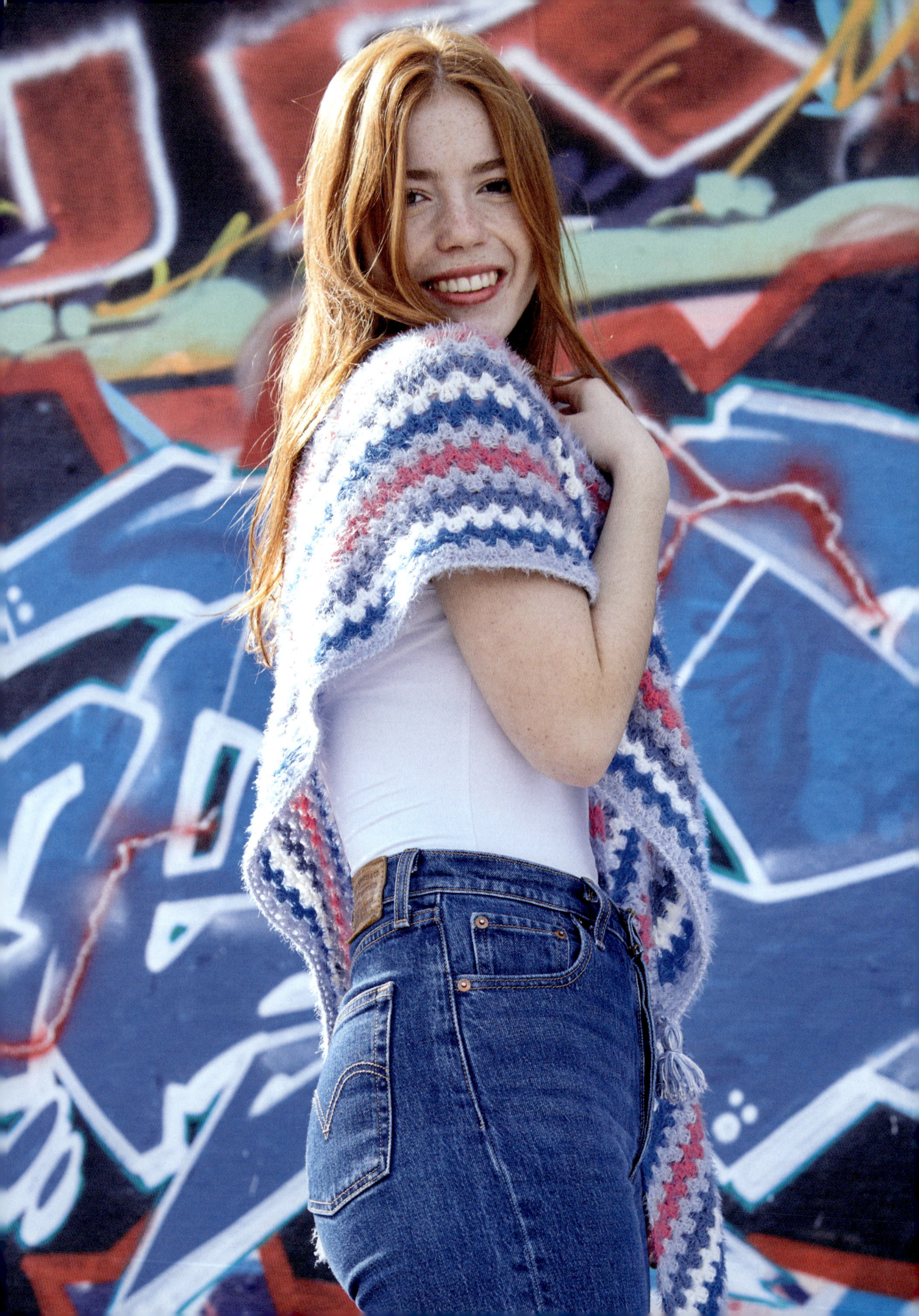

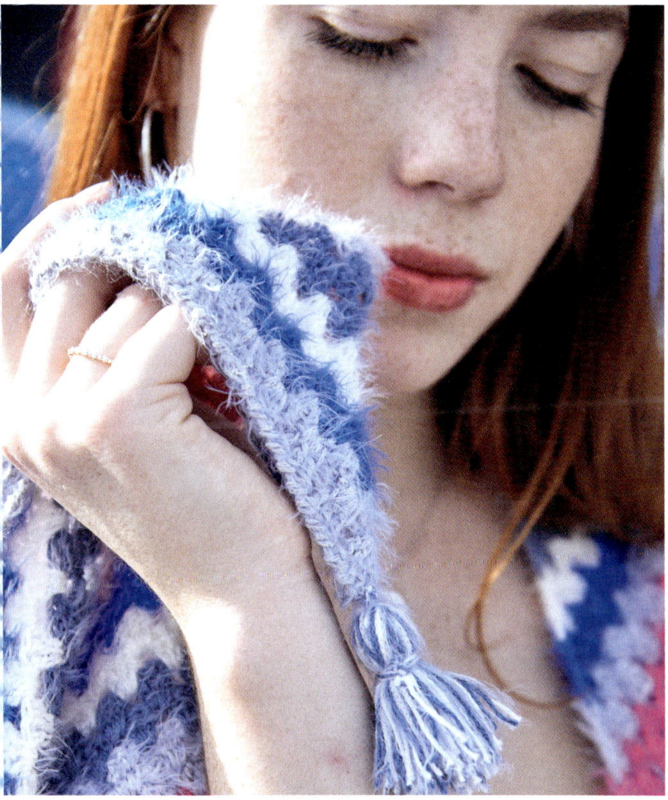

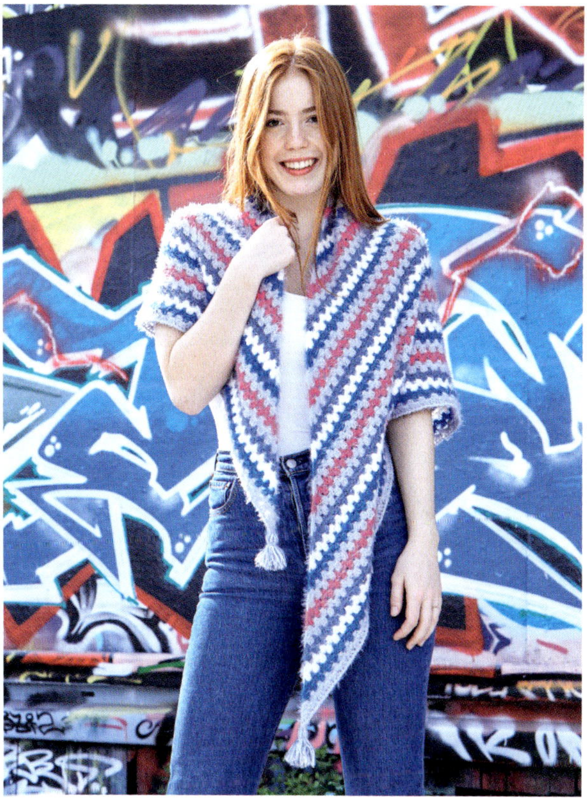

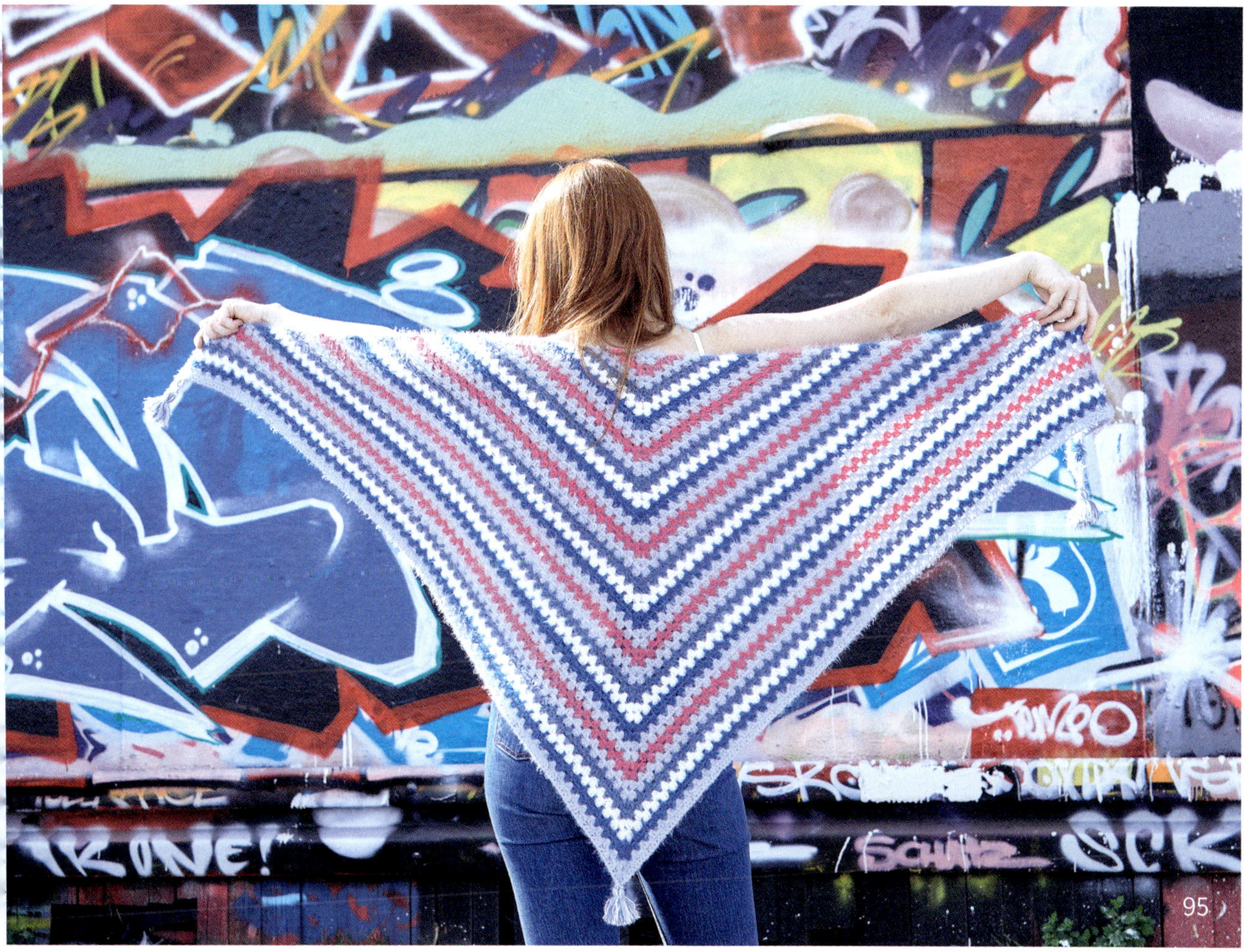

Stola Ingrid

GRÖßE

50 cm x 150 cm (ohne Fransen)

MATERIAL

Lana Grossa Ecopuno (72 % Baumwolle, 17 % Schurwolle, 11 % Alpaka, LL = 215 m/50 g): 200 g Purpur (Fb 22) und je 150 g Pink (Fb 71) und Koralle (Fb 60); Häkelnadel 4 mm.

MUSTER

Häkelquadrat: Nach der Häkelschrift auf Seite 36 und 37 arbeiten. Die 1. Runde um einen verstellbaren Fadenring arbeiten (= Magic Loop). Für einen schönen Übergang vor dem Abmaschen des halben Stäbchens am Rundenende den Farbwechsel vornehmen.

Farbfolge: Wie gewünscht arbeiten.

MASCHENPROBE

1 Quadrat über 6 Runden = 10,5 cm x 10,5 cm.

SO WIRD'S GEMACHT

3 Quadrate in der gewünschten Farbfolge häkeln und nach 50 cm die Arbeit beenden.

TIPP Um sich das Vernähen der Fäden zu ersparen, diese gleich beim Häkeln auf der Rückseite mitlaufen lassen und umhäkeln.

FERTIGSTELLEN

Die Quadrate von rechts mit Überwendlichstichen um die hinteren Maschenglieder der letzten Runde zusammennähen. An den Schmalseiten 15 cm lange Fransen (= fertige Länge) in allen Farben (aus jeweils 5 Fäden) einknüpfen.

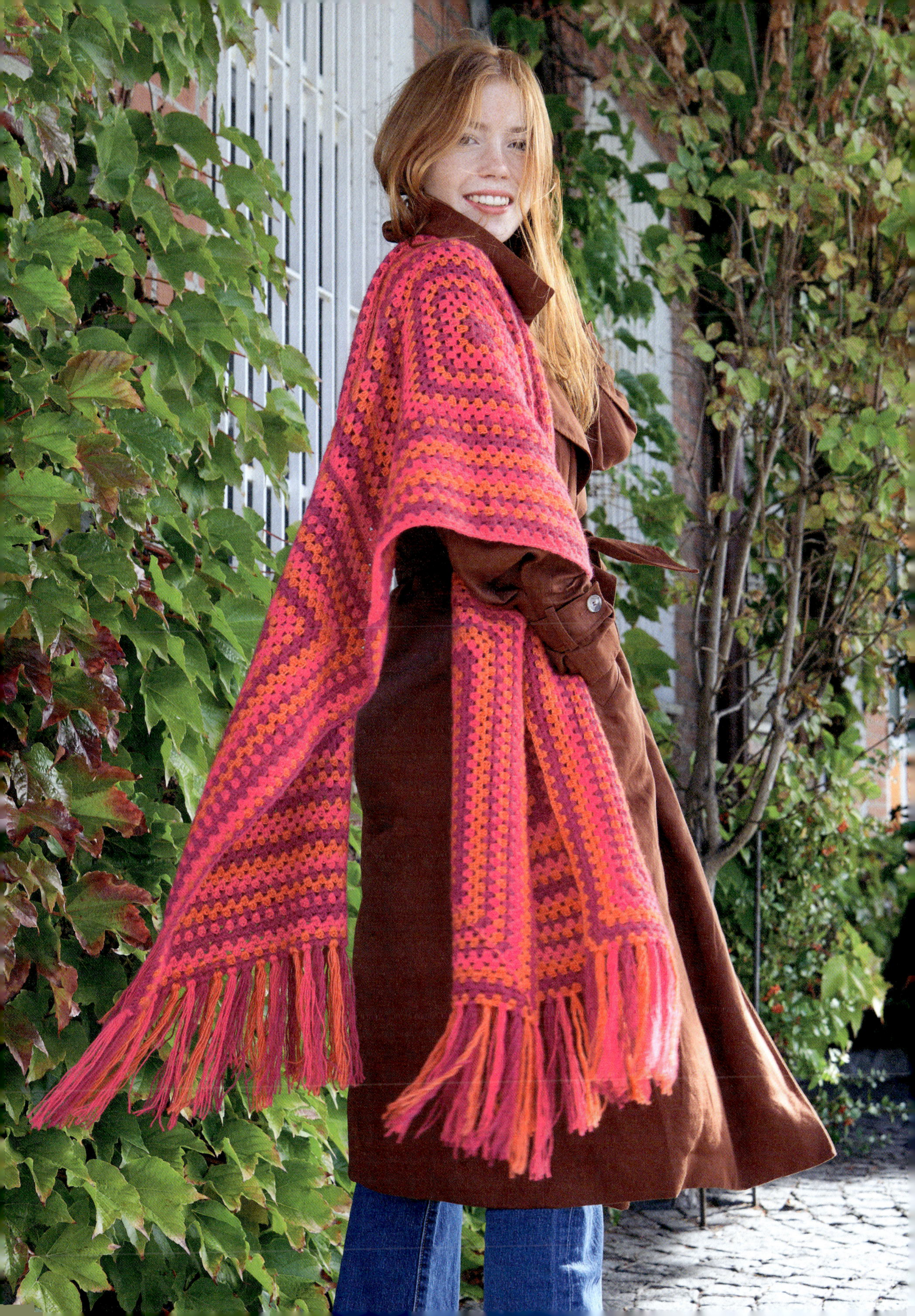

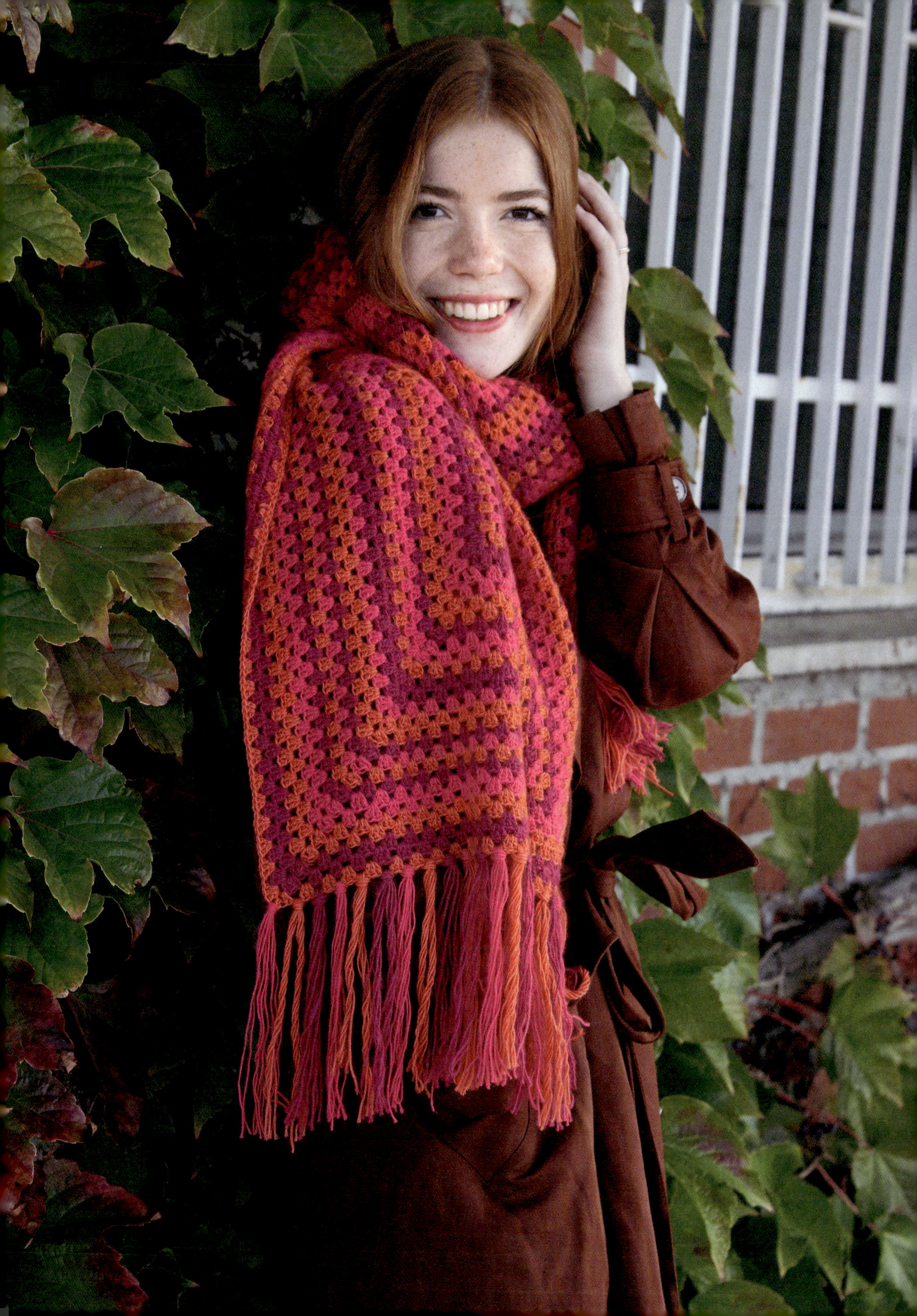

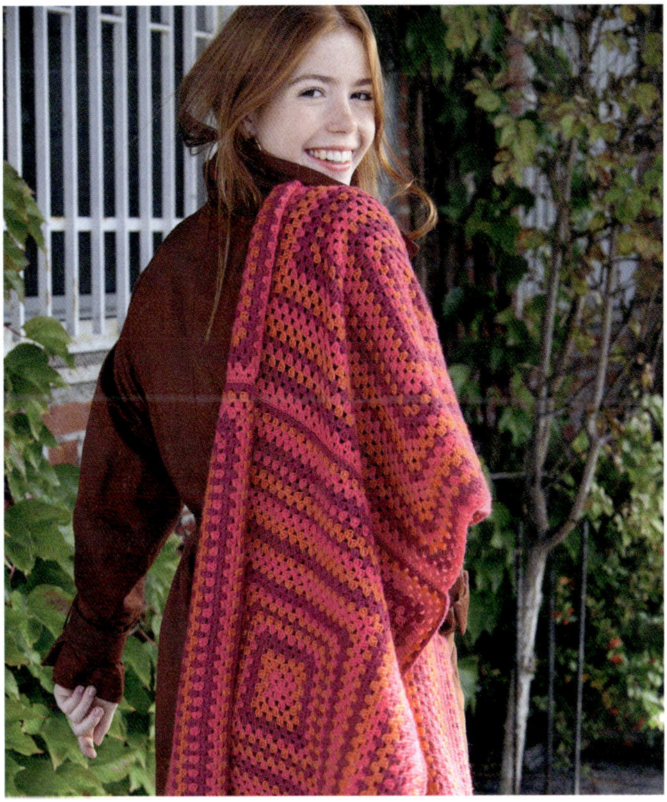

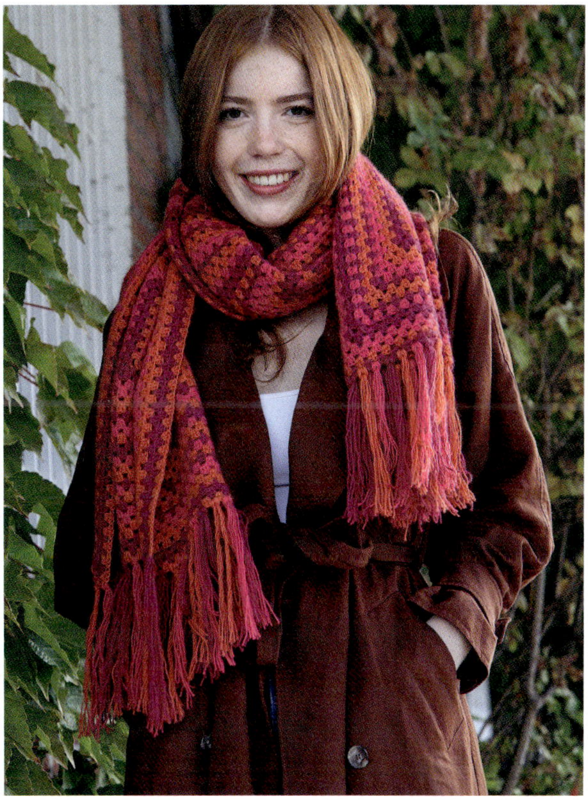

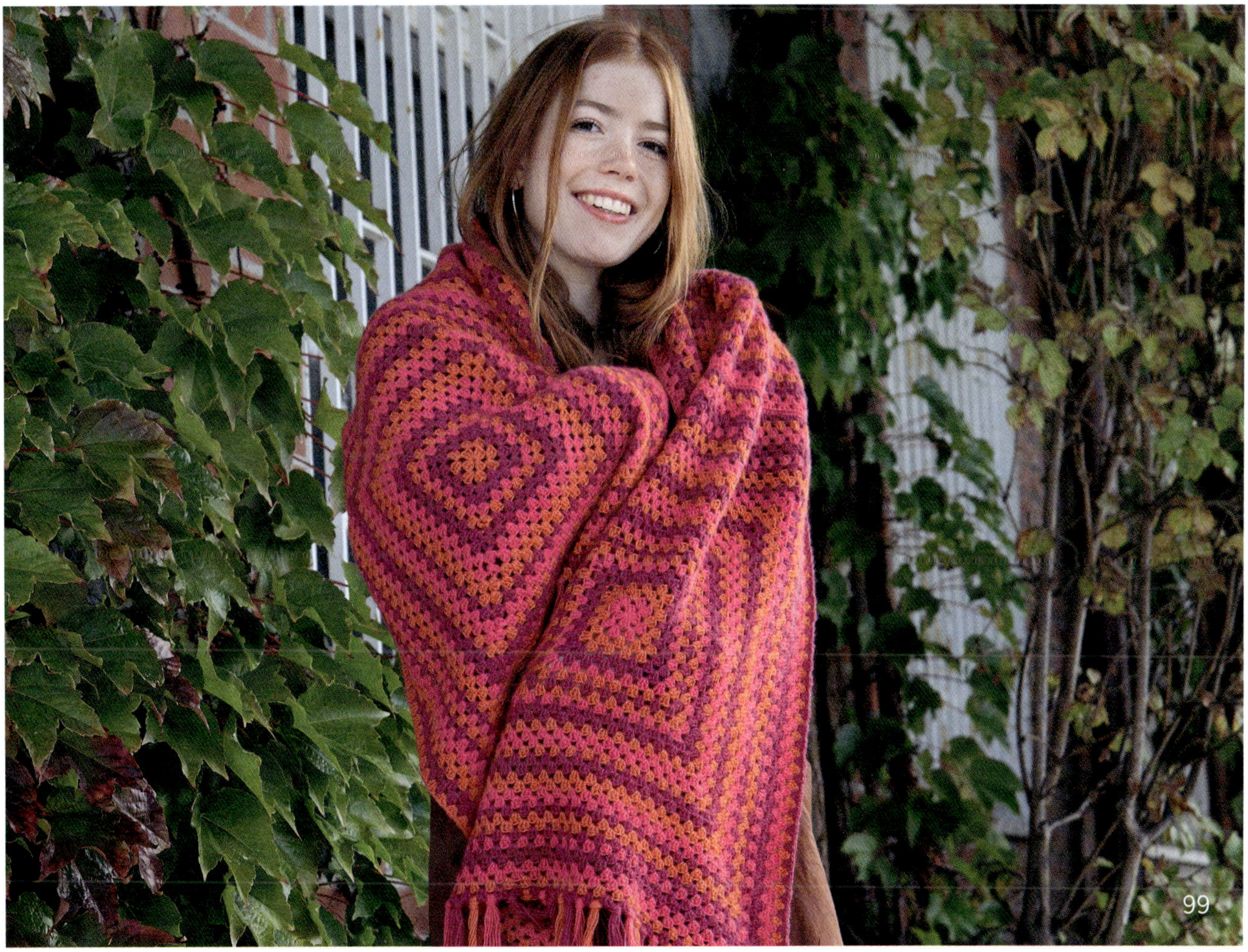

Tasche Constanze

GRÖßE

33 cm x 33 cm x 38,5 cm

MATERIAL

Buttinette Woll Butt Camilla (100 % Baumwolle, LL = 125 m/50 g): 200 g Beige (Fb 52.358.06), je 100 g Gelb (Fb 52.354.36) und Smaragd (Fb 52.240.41) und je 50 g Aqua (Fb 52.240.39), Hellgrün (Fb 52.354.38), Rosa (Fb 52.354.37), Lachs (Fb 52.102.69), Papaya (Fb 52.104.43), Lila (Fb 52.218.76), Flieder (Fb 52.354.39), Blau (Fb 52.354.40), Schoko (Fb 52.218.77) und Dunkelgrau (Fb 52.271.55) Häkelnadel 2,5 mm und 3 mm.

MUSTER

Häkelquadrat: Nach der Häkelschrift auf Seite 36 und 37 arbeiten. Die 1. Runde um einen verstellbaren Fadenring arbeiten (= Magic Loop). Für einen schönen Übergang bereits vor dem Abmaschen des halben Stäbchens am Rundenende den Farbwechsel vornehmen. Fortlaufend arbeiten.

Farbfolge: Wie gewünscht arbeiten, jedoch ohne Beige.

MASCHENPROBEN

1 Quadrat über 7 Runden mit Nadel 3 mm = 10 cm x 10 cm.
Feste Maschen mit Nadel 2,5 mm: 28,5 M und 31 Runden = 10 cm x 10 cm.

SO WIRD'S GEMACHT

Seitenwände (4x): Je 1 Quadrat in der Farbfolge mit Häkelnadel 3 mm häkeln, nach 33 cm = 25 Runden Arbeit beenden.

TIPP Um sich das Vernähen der Fäden zu ersparen, diese gleich beim Häkeln auf der Rückseite mitlaufen lassen und umhäkeln.

Boden: In Beige um einen verstellbaren Fadenring mit Häkelnadel 2,5 mm in Spiralrunden arbeiten.
1. Runde: 1 Luftmasche, 4 feste Maschen.
2. Runde: Je 2 feste Maschen in 1 Masche = 8 feste Maschen. 3. Runde: * 1 feste Masche, 3 feste Maschen in 1 Masche (die mittlere Masche als Eckmasche markieren), ab * 4x arbeiten = 16 feste Maschen. 4. Runde: * 2 feste Maschen, 3 feste Maschen in 1 Masche (die mittlere Masche als Eckmasche markieren), 1 feste Maschen, ab * 4x arbeiten = 24 feste Maschen. 5. Runde: * 3 feste Maschen, 3 feste Maschen in 1 Masche (die mittlere Masche als Eckmasche markieren), 2 feste Maschen, ab * 4x arbeiten = 32 feste Maschen. Fortlaufend zwischen den Eck-Zunahmen (= 3 feste Maschen in 1 Masche) in jeder Runde 2 feste Maschen mehr arbeiten. Bei einer Größe von 33 cm x 33 cm die Arbeit beenden.

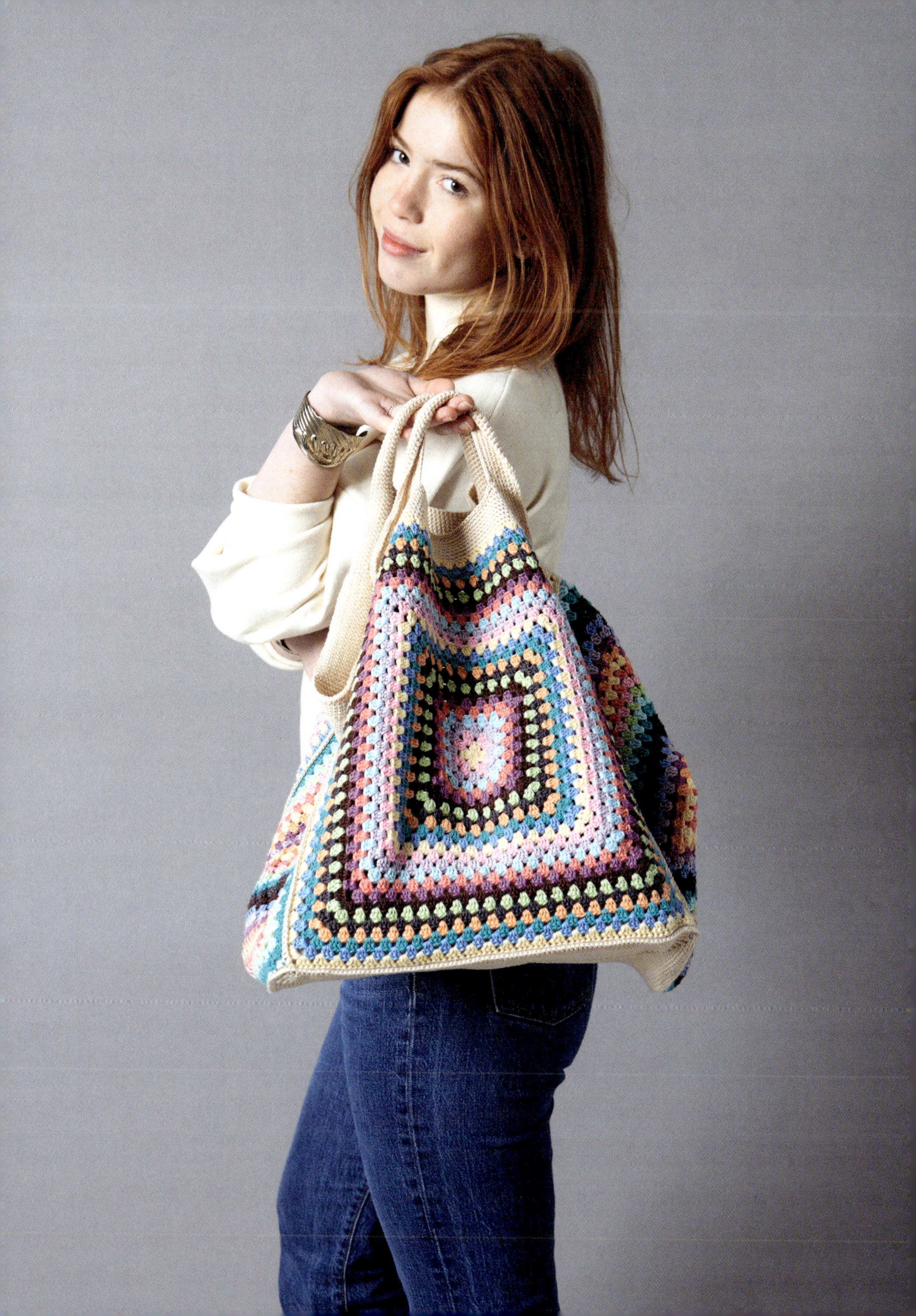

FERTIGSTELLEN

Die Quadrate von der Vorderseite je mit 1 Reihe fester Maschen in Beige mit Häkelnadel 3 mm zusammenhäkeln. Die Quadrate und den Boden von der Vorderseite mit 1 Runde fester Maschen in Beige mit Häkelnadel 3 mm zusammenhäkeln. Den oberen Taschenrand mit 8 Runden fester Maschen in Beige mit Häkelnadel 2,5 mm umhäkeln. Nun für die Henkel die mittleren 33 Maschen zwei gegenüberliegenden Quadraten mit 43 Luftmaschen überspringen und dann noch weitere 8 Runden feste Maschen häkeln, dabei in der 1. Runde je 1 feste Masche in 1 Luftmasche arbeiten. Dann 1 Runde Kettmaschen arbeiten. Die Innenränder der Henkel ebenfalls jeweils mit 1 Runde Kettmaschen in Beige mit Häkelnadel 2,5 mm umhäkeln.

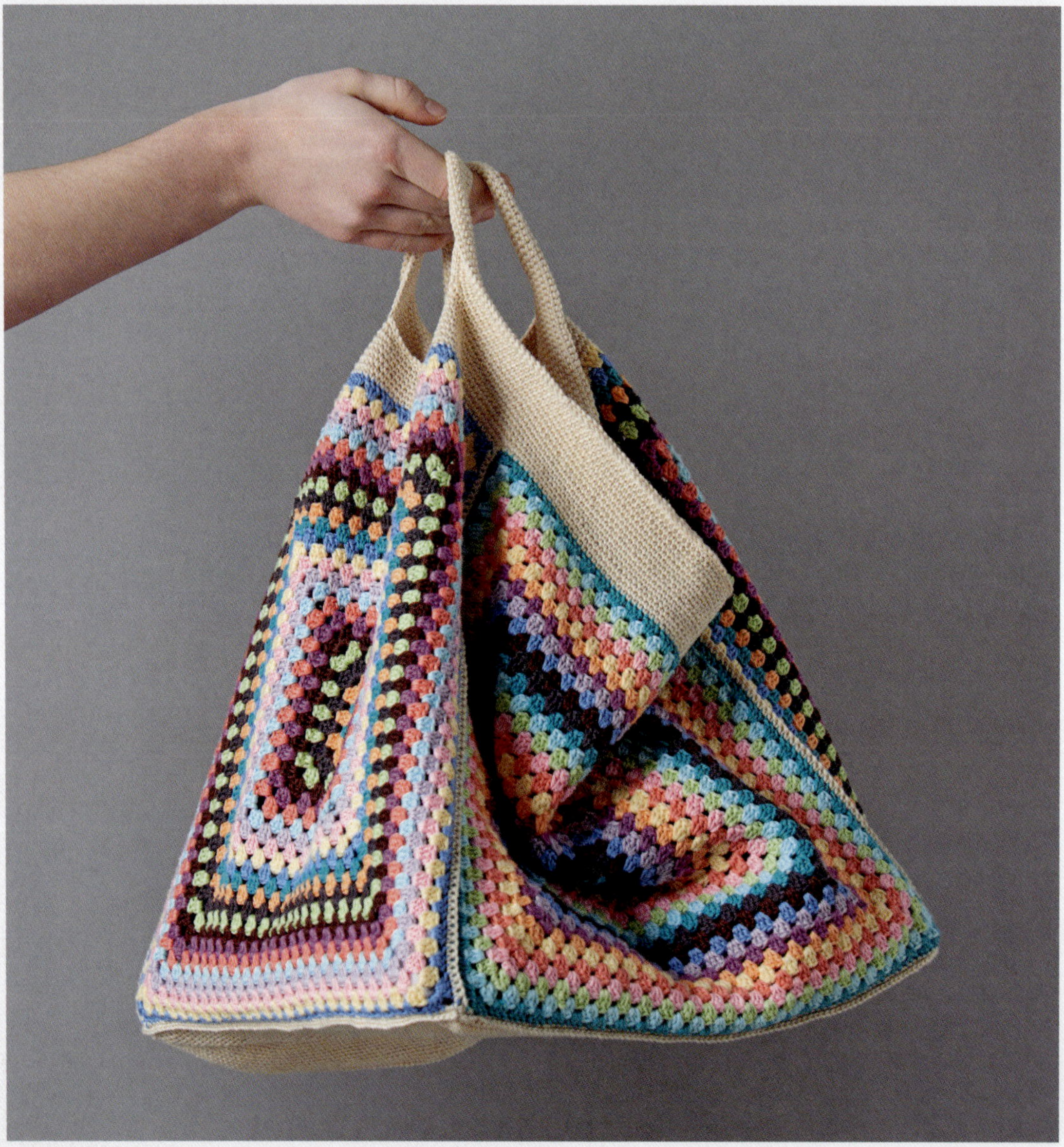

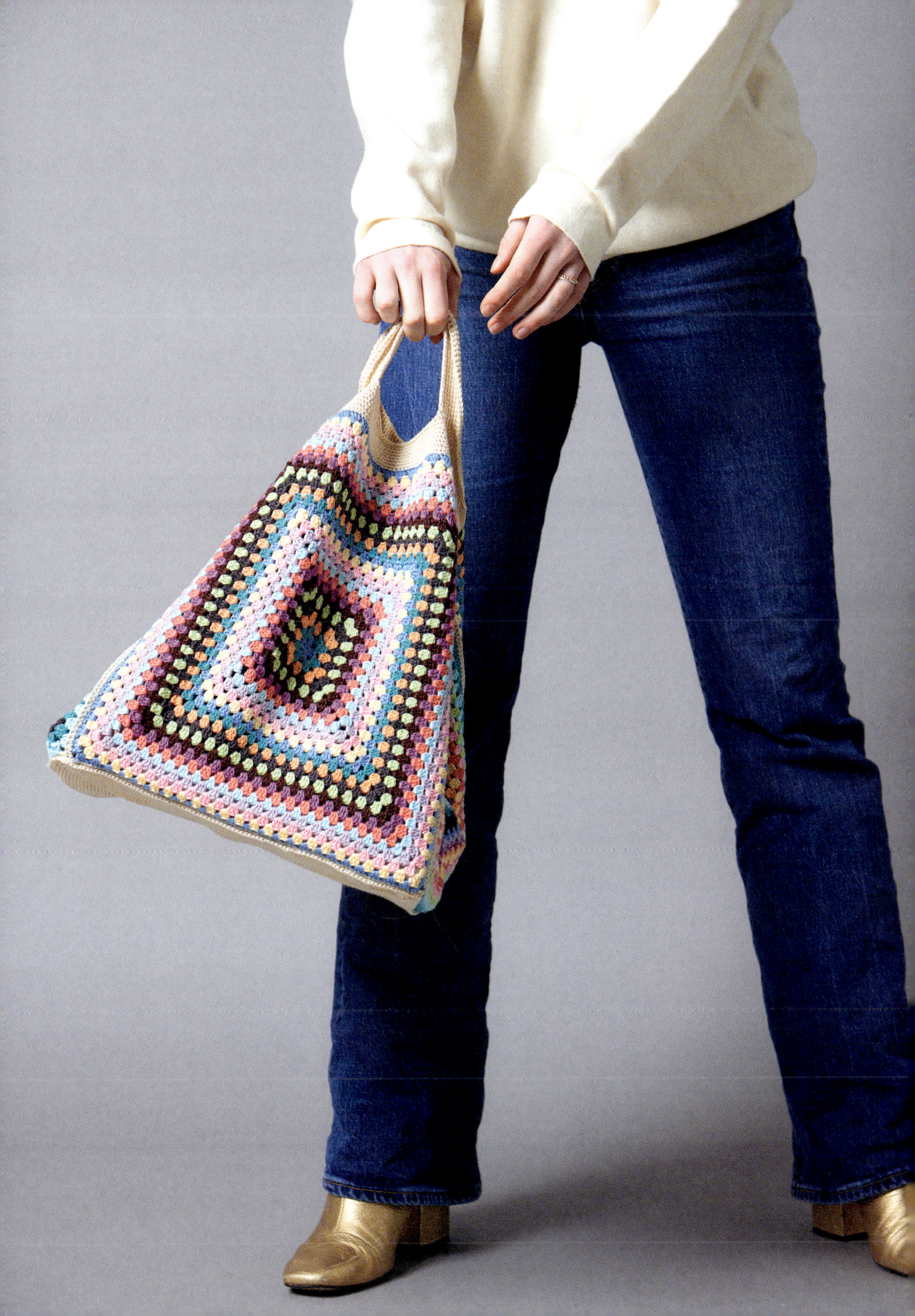

Stirnband Mareike

GRÖßE
55–58 cm Kopfumfang

MATERIAL
Lana Grossa Cool Wool (100 % Schurwolle, LL = 160 m/50 g): je 50 g Dunkelbraun (Fb 2091), Khaki (Fb 2090), Hellgrün (Fb 509), Resedagrün (Fb 2078), Petrolgrün (Fb 2015), Grün (Fb 2017) und Weißgrün (Fb 2087); Häkelnadel 3 mm.

MUSTER
Häkelquadrat: Nach der Häkelschrift auf Seite 36 und 37 arbeiten. Die 1. Runde um einen verstellbaren Fadenring arbeiten (= Magic Loop). Für einen schönen Übergang bereits vor dem Abmaschen des halben Stäbchens am Rundenende den Farbwechsel vornehmen.

Stäbchenmuster in Runden: 1. Runde: 3 Ersatz-Luftmaschen (= 1. Stäbchen), 2 Stäbchen in den gleichen Zwischenraum, * 3 Stäbchen zwischen die 3 Stäbchen der Vorrunde, ab * stets wiederholen, mit 1 Kettmasche in die oberste Ersatz-Luftmasche zur Runde schließen.
1x die 1. Runde arbeiten.

Farbfolge: 4 Runden in Petrolgrün und die letzte Runde wie gewünscht.

MASCHENPROBE
1 Quadrat über 5 Runden = 9 cm x 9 cm.

SO WIRD'S GEMACHT
6 Quadrate in der Farbfolge häkeln.

FERTIGSTELLEN
Die Quadrate von rechts mit Überwendlichstichen um die hinteren Maschenglieder der letzten Runde zusammennähen. Den oberen und unteren Rand des Stirnbands je mit 1 Runde Stäbchenmuster in Petrolgrün umhäkeln.

TIPPS Um sich das Vernähen der Fäden zu ersparen, diese gleich beim Häkeln auf der Rückseite mitlaufen lassen und umhäkeln.
Für ein breiteres Stirnband bei den Quadraten mehr Runden häkeln.

Hinweis: Das Stirnband kann aus den Resten des Pullunders von Seite 76 gehäkelt werden.

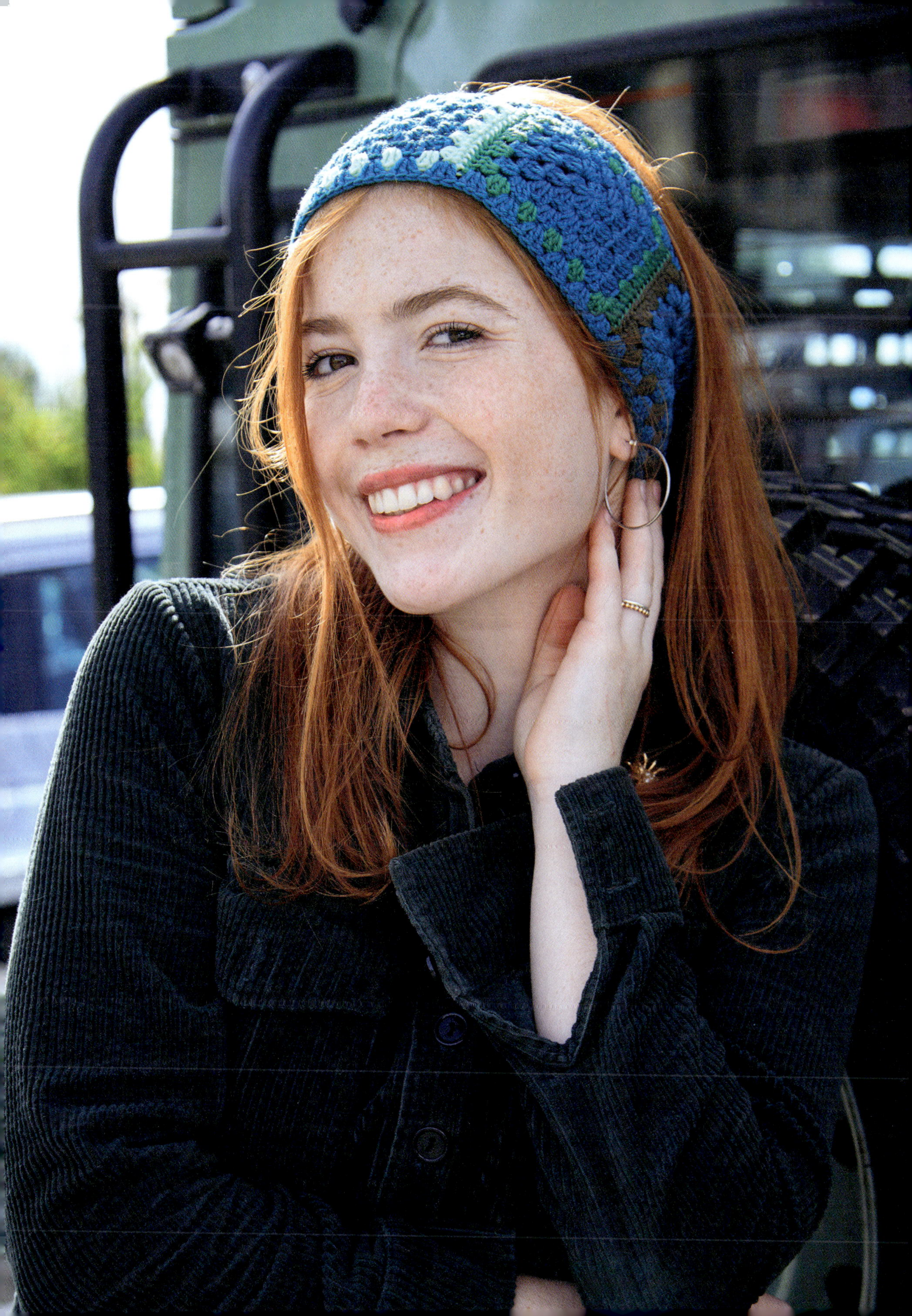

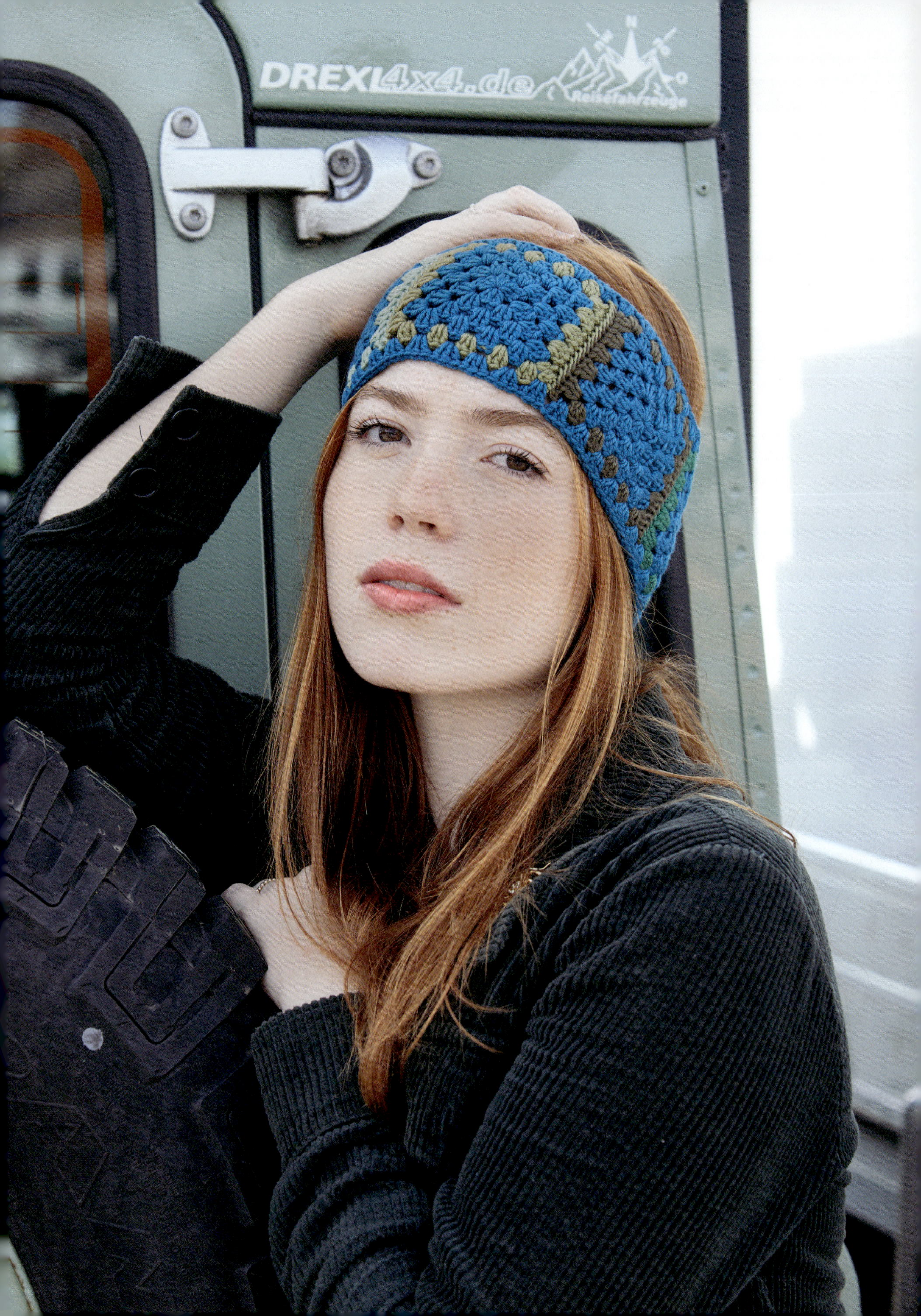
DREXL4x4.de
Reisefahrzeuge

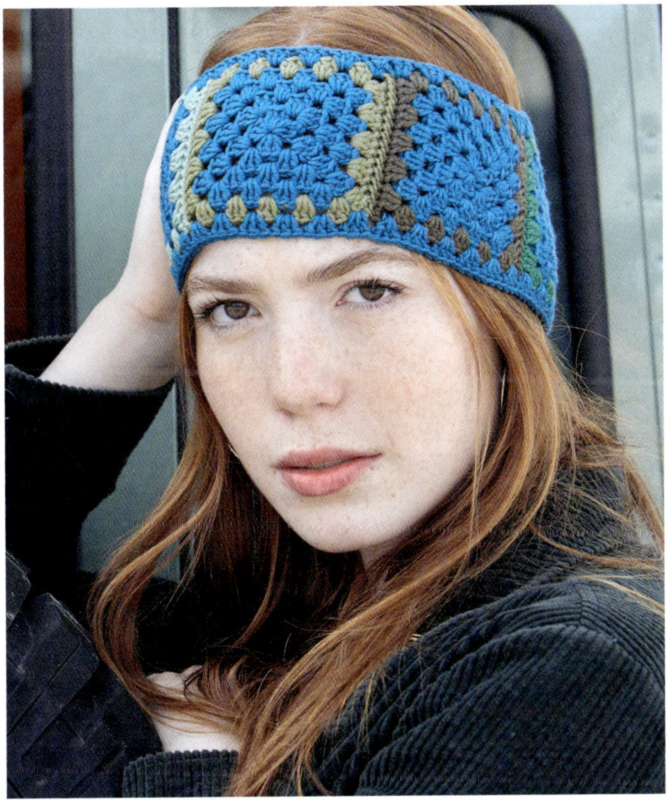

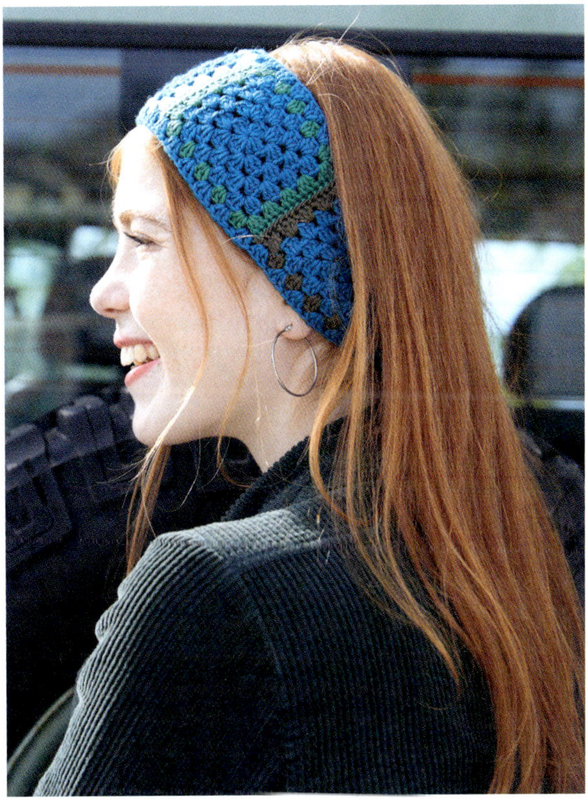

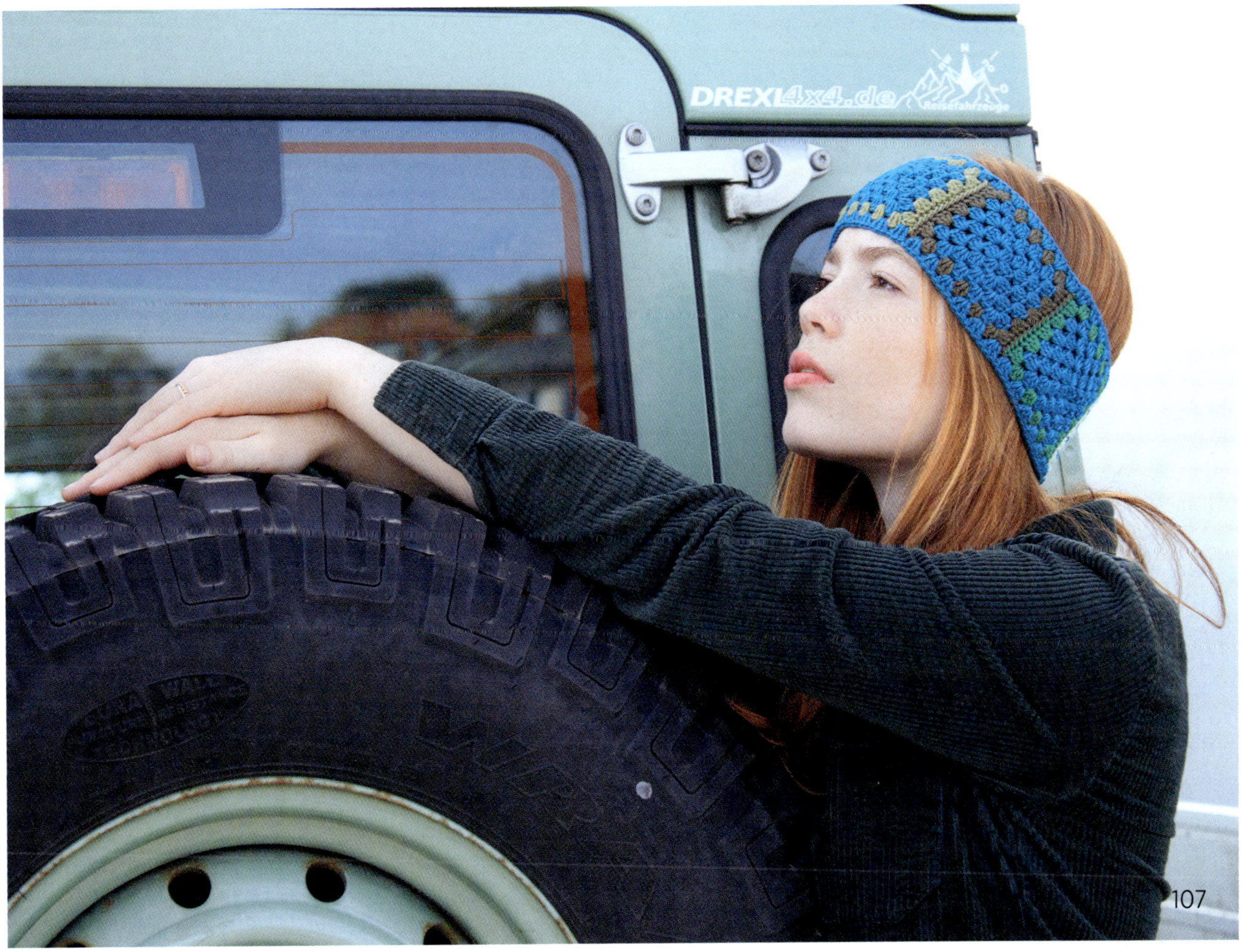
DREXL4x4.de

Stulpen Birgit

HANDSCHUHGRÖẞE

6,5–7 und 7,5–8
Die Angaben für die größere Größe stehen hintereinander in Klammern. Steht nur eine Angabe, so gilt diese für alle Größen.

MATERIAL

Lana Grossa Elastico (96 % Baumwolle, 4 % Polyester, LL = 160 m/50 g):
je 50 g Bordeaux (Fb 95), Orange (Fb 169), Nelke (Fb 127), Sonnengelb (Fb 107) und Leuchtendrot (Fb 78); Häkelnadel 3 mm.

MUSTER

Häkelquadrat: Nach der Häkelschrift auf Seite 36 und 37 arbeiten. Die 1. Runde um einen verstellbaren Fadenring arbeiten (= Magic Loop). Für einen schönen Übergang vor dem Abmaschen des halben Stäbchens am Rundenende den Farbwechsel vornehmen.

Reliefstäbchen: Bei Reliefstäbchen wird nicht in die Masche der Vorrunde eingestochen, sondern die Nadel um die senkrechten Glieder der Vorrunde geführt, ohne in die Masche einzustechen. Wird die Nadel von vorne nach hinten geführt, ergibt sich ein vorn gearbeitetes Reliefstäbchen, wird die Nadel umgekehrt von hinten nach vorn geführt, entsteht ein von hinten gearbeitetes Reliefstäbchen.

Reliefstäbchenmuster in Runden: Maschenzahl teilbar durch 2 + 1.
1. Runde: 3 Ersatz-Luftmaschen (= 1 Stäbchen), Stäbchen (gerade Maschenzahl) häkeln, mit 1 Kettmasche in die oberste Ersatz-Luftmaschen zur Runde schließen. 2. Runde: 3 Ersatz-Luftmaschen (= 1 Stäbchen), * 1 hinten liegendes Reliefstäbchen, 1 vorn liegendes Reliefstäbchen, ab * stets wiederholen, mit 1 Kettmasche in die oberste Ersatz-Luftmaschen zur Runde schließen.
1x die 1. und 2. Runde arbeiten, dann die 2. Runde stets wiederholen.

Farbfolge A (Handfläche): * 1 Runde in Leuchtendrot, 1 Runde Bordeaux, ab * 3x arbeiten.

Farbfolge B (Handrücken): 2 Runden in Sonnengelb, 2 Runden in Orange, 2 Runden in Nelke oder 2 Runden in Nelke, 2 Runden in Orange, 2 Runden in Nelke.

MASCHENPROBEN

1 Quadrat über 6 Runden = 9 cm x 9 cm.
1 Quadrat über 7 Runden = 10,5 cm x 10,5 cm.

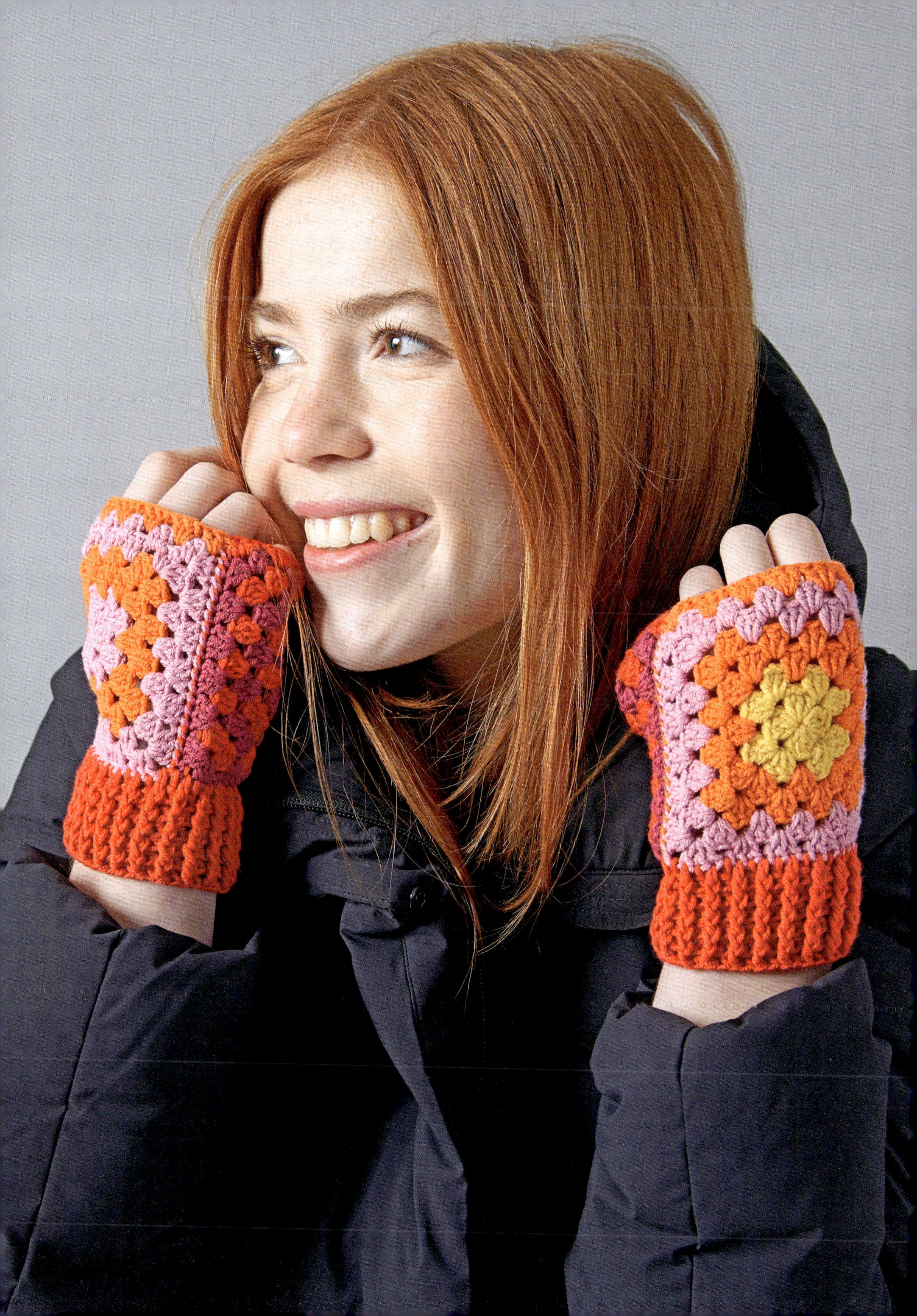

SO WIRD'S GEMACHT

2 Quadrate in Farbfolge A und je 1 Quadrat in den unterschiedlichen Farbfolgen B arbeiten. Die Quadrate der Farbfolge A noch mit einer weiteren Reihe in Leuchtendrot wie beschrieben umhäkeln, dabei die Reihe nur über 2 äußere Kanten arbeiten. Die Quadrate der Farbfolge B ebenfalls mit einer weiteren Reihe wie die anderen 2 Quadrate umhäkeln, jedoch in Orange.

FERTIGSTELLEN

Die Quadrate mit Überwendlichstichen um die hinteren Maschenglieder der letzten Runde zusammennähen, dabei für den Daumenschlitz nach 3,5 cm vom oberen Rand eine Naht über 3,5 (4) cm offenlassen. Für den Bund den unteren Rand der Stulpen je mit 7 Runden Reliefstäbchen in Leuchtendrot umhäkeln.

TIPP Um sich das Vernähen der Fäden zu ersparen, diese gleich beim Häkeln auf der Rückseite mitlaufen lassen und umhäkeln.

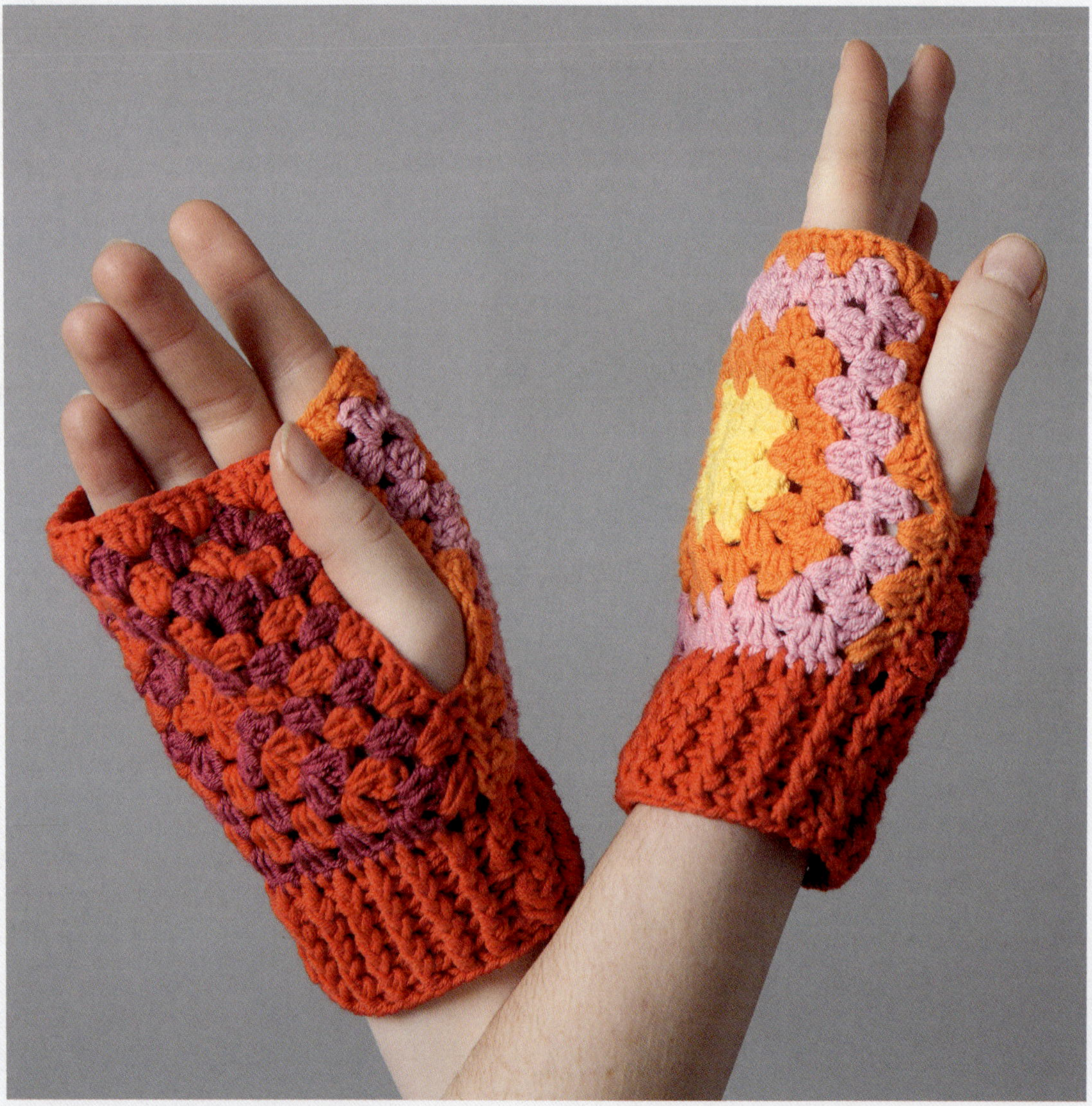

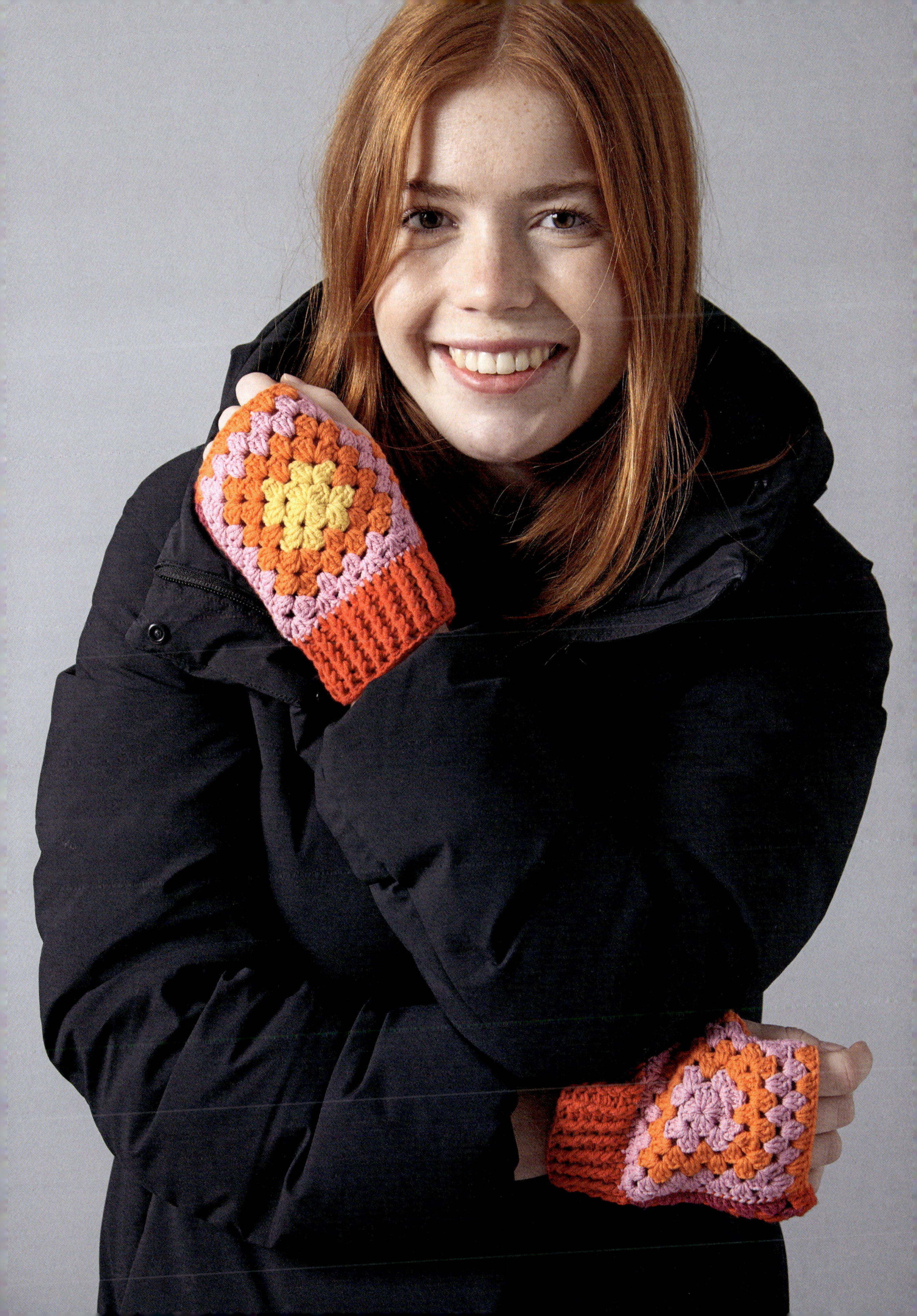

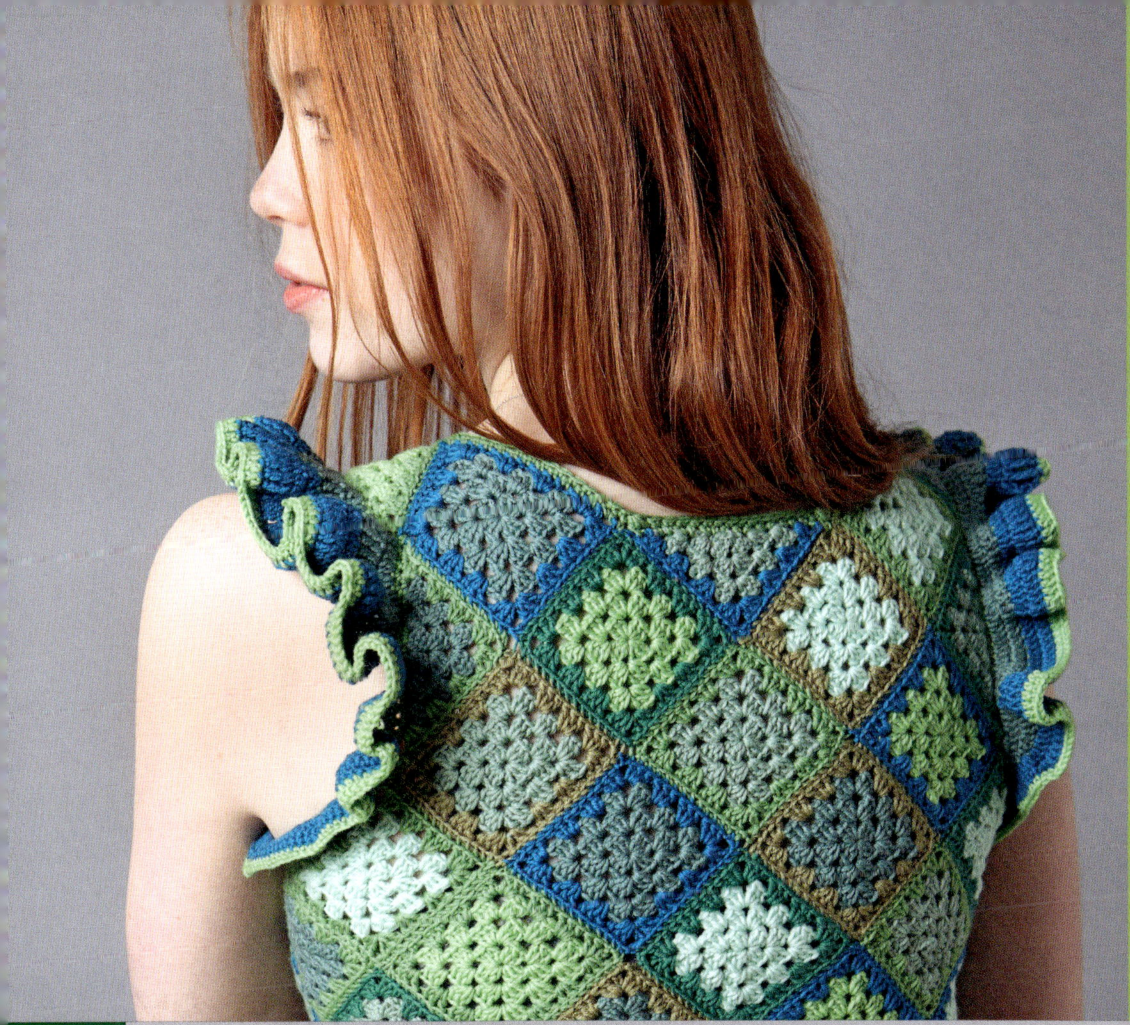

Grundkurs Häkeln

VERSTELLBARER FADENRING (MAGIC LOOP)

1 Den Faden zur Schlinge legen, einstechen, Faden um die Nadel legen, diesen Umschlag durchziehen. Den Fadenring noch nicht festziehen. Den Arbeitsfaden um den linken Zeigefinger legen.

2 Den Kreuzpunkt des Fadenrings mit Daumen und Mittelfinger festhalten, einen Umschlag bilden und durch den Ring auf der Nadel ziehen.

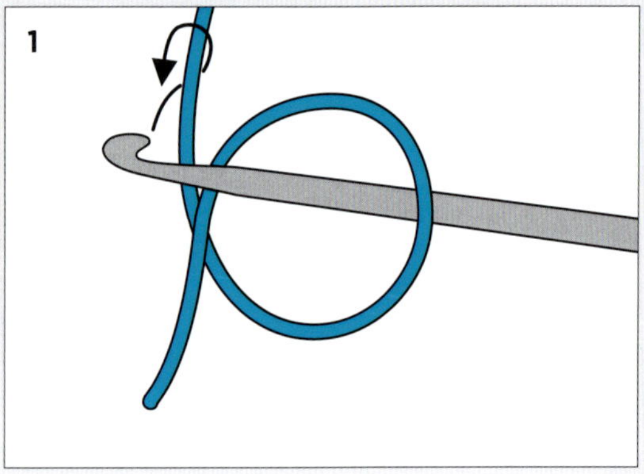

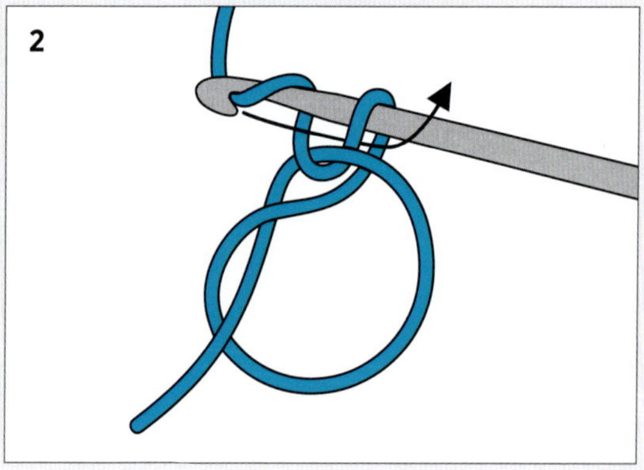

3 Die Maschen laut Anleitung um den Fadenring herum arbeiten (hier werden feste Maschen gezeigt). Die Runde mit einer Kettmasche schließen und den Fadenring am Anfangsfaden zuziehen.

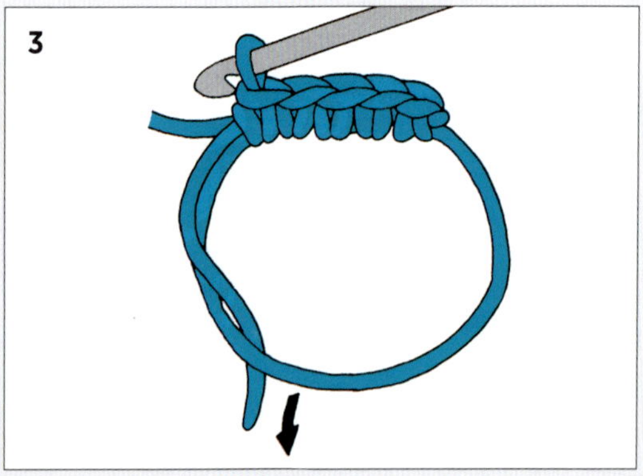

LUFTMASCHE

Durch die Schlinge stechen und den Faden, der vom Zeigefinger kommt, von hinten nach vorn über die Nadel legen (= Umschlag). Den Faden durch die Schlinge ziehen.

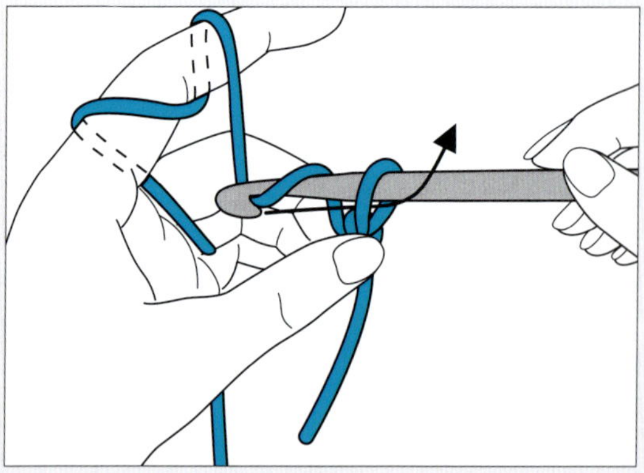

FESTE MASCHE

1 In beide Maschenglieder der Masche einstechen, den Faden holen (= von hinten nach vorn um die Nadel legen). Diesen Umschlag durch die Maschenglieder durchziehen.

2 Nun liegen zwei Schlingen auf der Nadel. Den Faden erneut holen und durch beide Schlingen auf der Nadel ziehen. Dieser letzte Schritt, der eine Masche abschließt, wird (bei allen Maschenarten) „abmaschen" genannt.

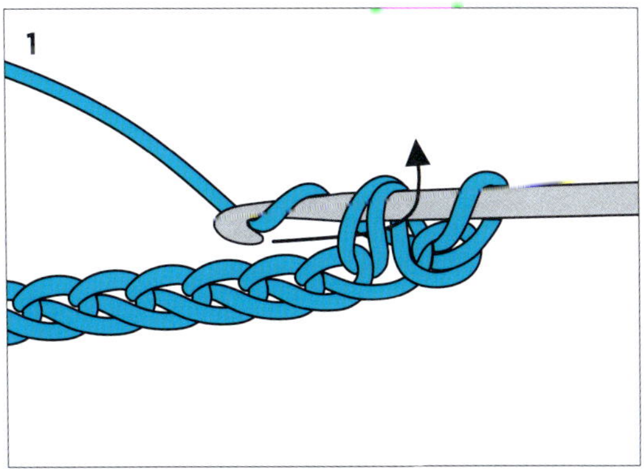

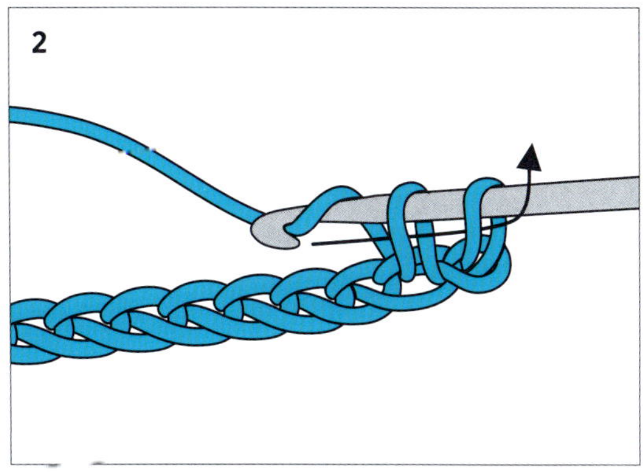

KETTMASCHE

In beide Maschenglieder der Masche einstechen, den Faden holen. Aber im Gegensatz zur festen Masche diesen Umschlag sofort durch das Maschenglied und die auf der Nadel liegende Schlinge ziehen.

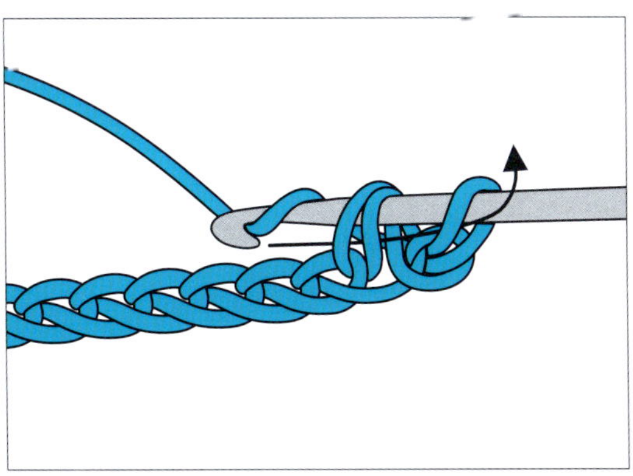

FESTE MASCHEN IN RUNDEN

Die Runde mit einer Kettmasche in die 1. Masche schließen und den Fadenring am Anfangsfaden zuziehen. Jede Runde mit 1 zusätzlichen Steige-Luftmasche beginnen und mit 1 Kettmasche in die 1. feste Masche schließen.

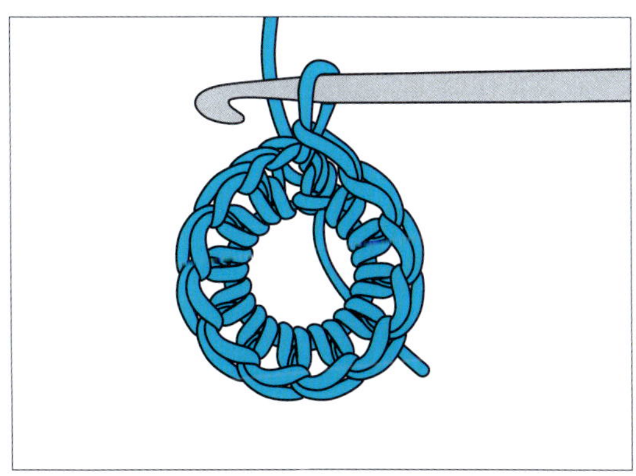

FESTE MASCHEN IN SPIRALRUNDEN

Zu Beginn die angegebene Anzahl Maschen arbeiten. Die Runde nicht mit einer Kettmasche schließen, sondern direkt in die 1. Masche der vorherigen Runde einstechen. Den Rundenübergang mit einem andersfarbigen Faden markieren.

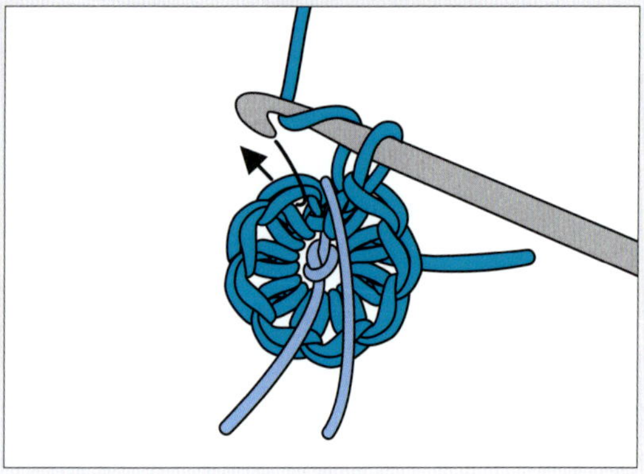

HALBES STÄBCHEN

1 Einen Umschlag bilden (= den Faden von hinten nach vorn um die Nadel legen), in beide Maschenglieder der Masche einstechen, den Faden holen (= Umschlag) und durch die Maschenglieder durchziehen.

2 Wie beim Stäbchen liegen nun 3 Schlingen auf der Nadel. Mit einem weiteren Umschlag den Faden holen und im Gegensatz zum Stäbchen nun alle 3 Schlingen auf der Nadel gleichzeitig abmaschen.

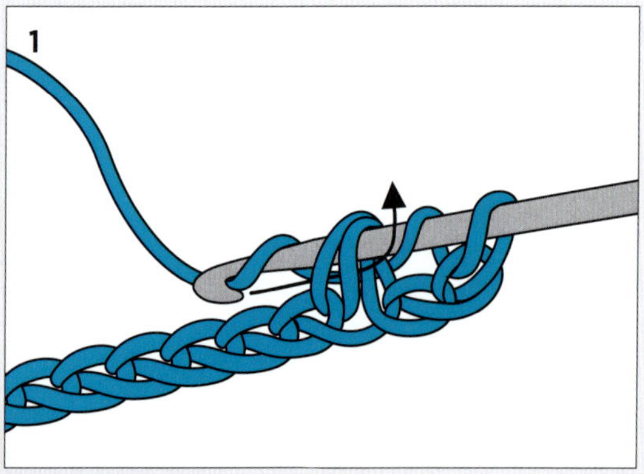

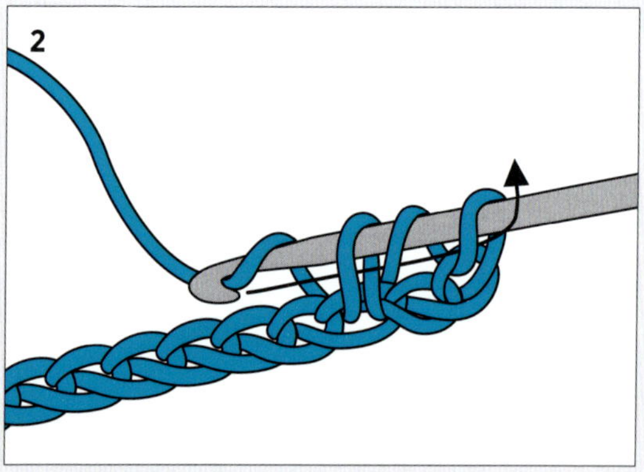

STÄBCHEN

1 Das 1. Stäbchen der Reihe wird durch 3 Luftmaschen ersetzt. Einen Umschlag bilden und in die 4. Masche von der Nadel aus einstechen, den Faden holen und durch die Masche ziehen.

2 Den Faden erneut holen und nur durch 2 der 3 auf der Nadel liegenden Schlingen ziehen.

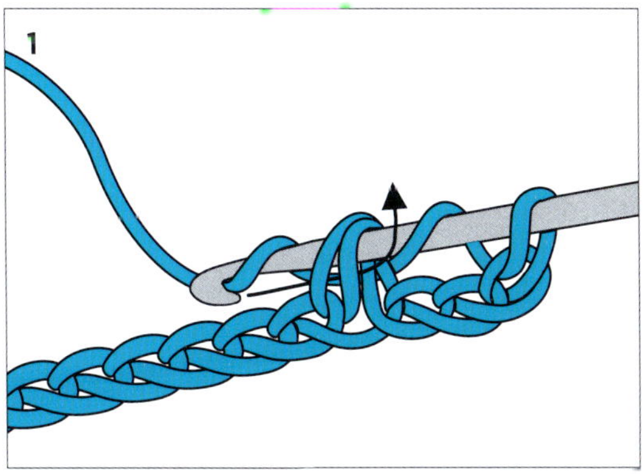

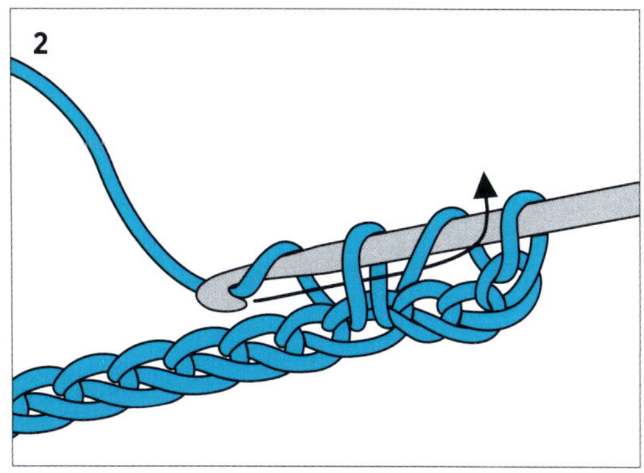

3 Erneut den Faden holen und durch die restlichen 2 auf der Nadel liegenden Schlingen ziehen (= abmaschen). Alle folgenden Stäbchen in die nächste Masche arbeiten (falls die Anleitung nichts anderes vorschreibt).

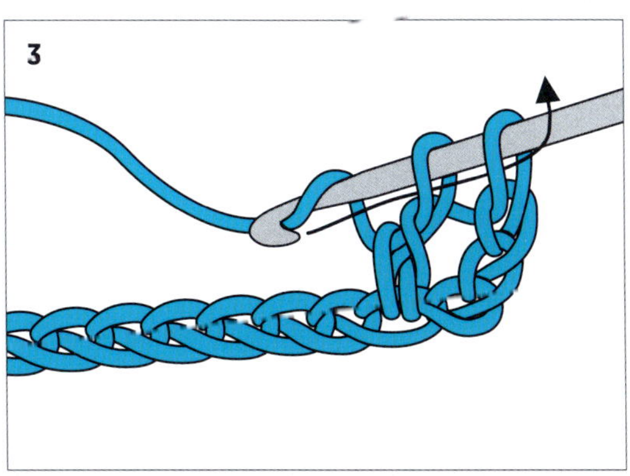

RELIEFSTÄBCHEN VON VORN

Einen Umschlag bilden, von vorn um das Stäbchen der Vorreihe greifen. Den Faden holen und um das Stäbchen herum durchziehen. Noch 2x einen neuen Faden holen und durch je 2 Schlingen ziehen. (Auch andere Maschen können so gearbeitet werden.)

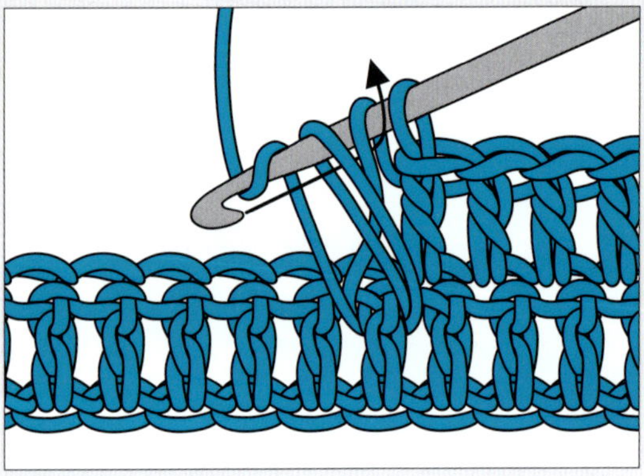

RELIEFSTÄBCHEN VON HINTEN

1 Umschlag bilden, von hinten nach vorn um das Stäbchen der Vorreihe einstechen und hinten wieder ausstechen. Den Faden durchholen und die Masche beenden.

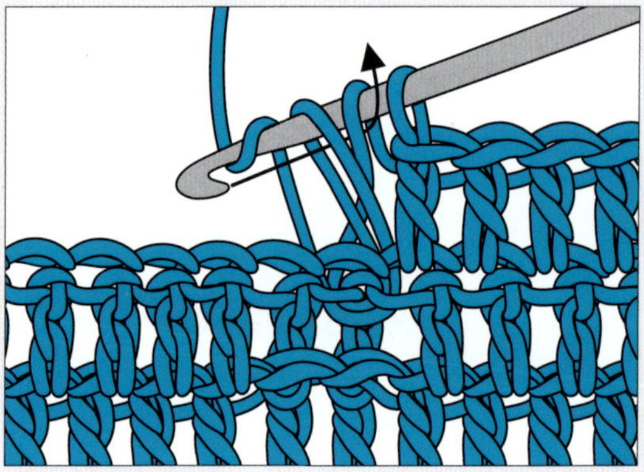

MASCHE INS HINTERE MASCHENGLIED

Beim Einstechen stets nur das hintere Maschenglied erfassen und den Faden durchholen. Danach die Masche wie gewohnt abhäkeln.

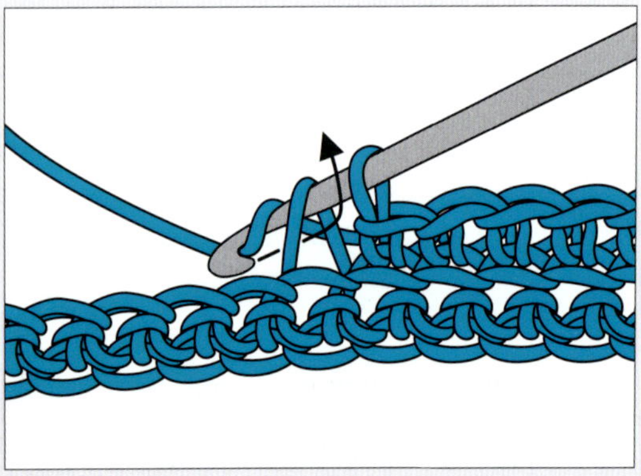

MEHRERE MASCHEN ZUSAMMEN ABMASCHEN

1 Mehrere Maschen in dieselbe oder verschiedene Maschen bis auf den letzten Schritt arbeiten. Diesen erst bei der letzten Masche für alle Maschen gleichzeitig durchführen: Faden holen und durch alle Schlingen durchziehen. Im Bild werden Stäbchen zusammen abgemascht.

2 Hier werden feste Maschen zusammen abgemascht.

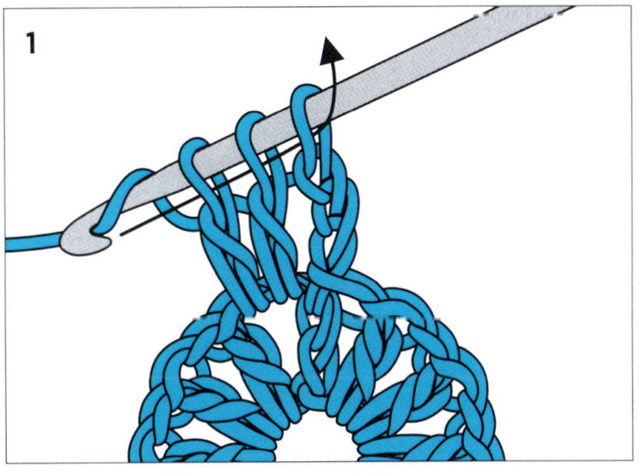

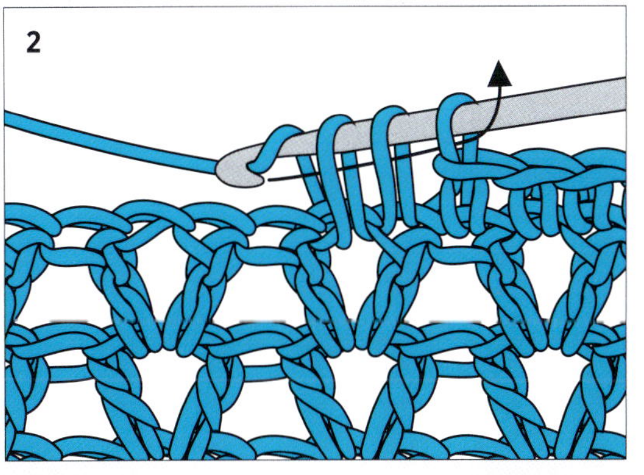

MEHRERE MASCHEN IN DIESELBE MASCHE ARBEITEN

Nacheinander mehrere Maschen arbeiten, dabei stets in dieselbe Einstichstelle, also an derselben Stelle in die Masche der Vorreihe, einstechen. Auf der Abbildung sind feste Maschen gezeichnet.

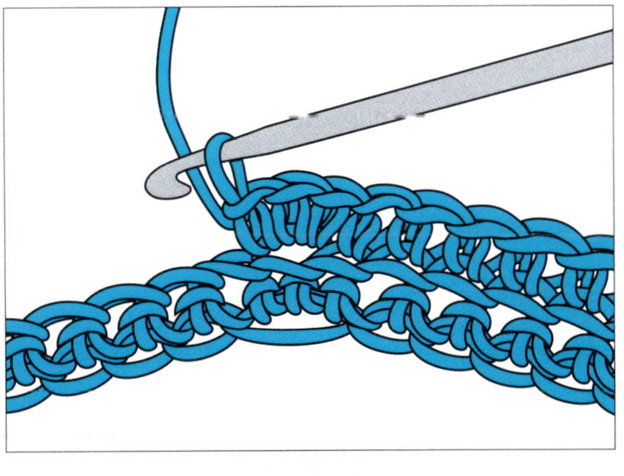

ARBEIT BEENDEN

Ist die letzte Masche erreicht, den Faden bis auf ca. 15 cm abschneiden, sodass das Fadenende noch vernäht werden kann. Den Faden durch die letzte Masche ziehen und fest anziehen. Dadurch bildet sich der Abschlussknoten.

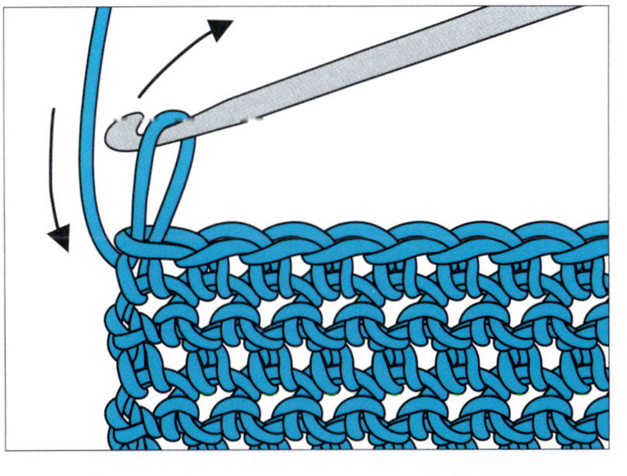

FRANSEN ANKNÜPFEN

1 Für jede Franse Fäden laut Anleitung zuschneiden. Auf der Rückseite der Arbeit mit der Häkelnadel an der gewünschten Stelle von oben nach unten einstechen. Die Fäden mit der Häkelnadel in der Mitte fassen.

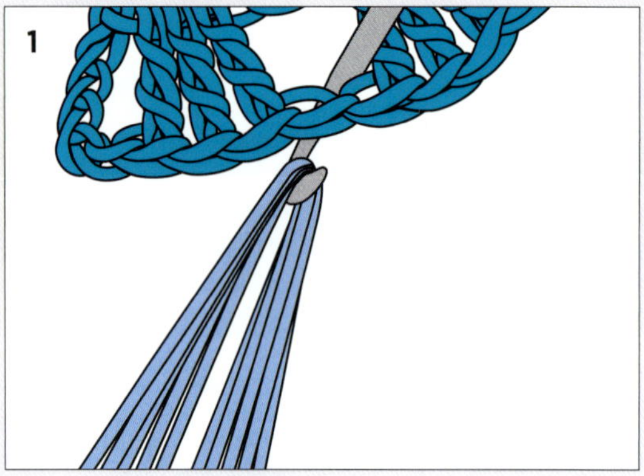

2 Alle Fäden zusammen durchziehen, sodass eine Schlinge entsteht.

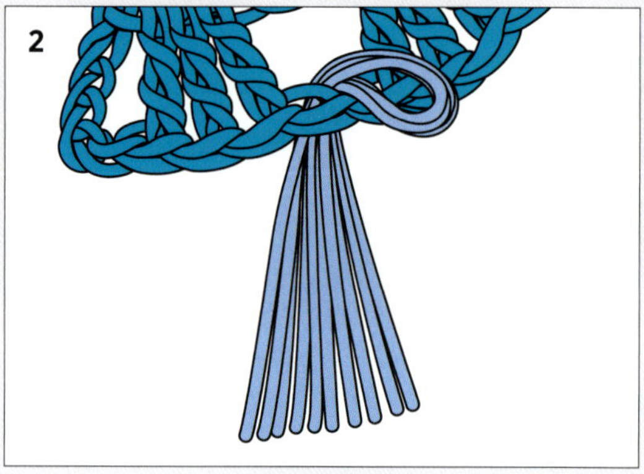

3 Mit der Häkelnadel durch die Schlinge stechen, alle Fäden fassen und durchziehen. Dann alle zusammen anziehen und so die Schlingen zu einem Knoten zuziehen. Die Fäden gleichmäßig zurückschneiden.

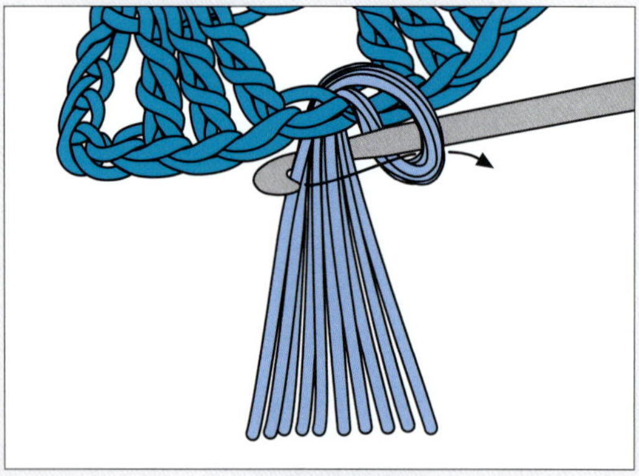

TIPP: WENDELUFTMASCHEN

Am Ende einer Reihe oder Runde werden Wendeluftmaschen gehäkelt, um die Arbeit auf die Höhe der nächsten Maschenreihe zu bringen. Wie viele benötigt werden, hängt von der Maschenart ab und wird jeweils in der Anleitung erwähnt. Bei höheren Maschenarten ersetzen die Wendeluftmaschen die erste Masche der Reihe/Runde, es wird also erst in die zweite Masche eingestochen und am Reihen-/Rundenende die letzte Masche in die oberste Wendeluftmasche gearbeitet. Als Faustregel gilt:

Feste Maschen: 1 Wendeluftmasche, Einstechen in die 1. Masche der Vorreihe/-runde.

Halbe Stäbchen: 2 Wendeluftmaschen, Einstechen in die 1. oder 2. Masche der Vorreihe/-runde.

Stäbchen: 3 Wendeluftmaschen, Einstechen in die 2. Masche der Vorreihe/-runde.

Doppelstäbchen: 4 Wendeluftmaschen, Einstechen in die 2. Masche der Vorreihe/-runde.

Dreifachstäbchen: 5 Wendeluftmaschen, Einstechen in die 2. Masche der Vorreihe/-runde.

Über die Autorin

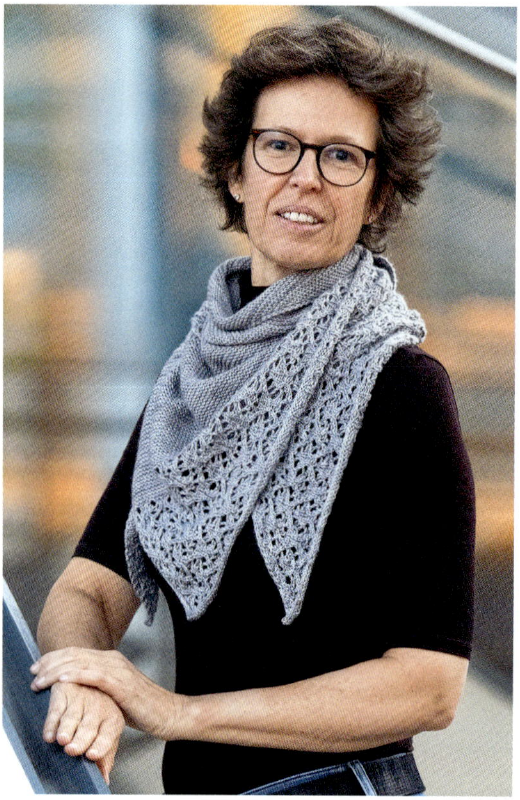

Häkeln und Stricken gehörten seit der Teenagerzeit zu ihrem Alltag dazu: **Babette Ulmer** studierte Modedesign mit Schwerpunkt Maschen und hat ihr Hobby zum Beruf gemacht. Nach mehreren Jahren Berufserfahrung ist sie seit 2001 selbstständig. Sie arbeitet für verschiedene Firmen in der Handarbeitsbranche, entwirft Modelle und schreibt Anleitungen sowie seit 2007 zahlreiche bekannte Buch-Titel.

Dank

Danke an die Häklerinnen: Grit Häusler, Svenja Wiglingshaus, Helgrid van Impelen, Helgrid Drescher, Eva Winckler, Stefanie Gückstock, Lena Denu, Johanna von Pechmann, Babette Ulmer, Floor Hoogland, Susanne Furtner, Ingrid Spaun, Constanze Wisotzky.

Bildnachweis

Corinna Brix: Fotos Modelle
Christophorus Verlag: S. 32-34, 37, 39, 41
Shutterstock:
S. 2/3, S. 126/127 Arjen de Ruiter
S. 19 Anna-Mari West
S. 20/21 GalinaSh
S. 23 Anna Luomajarvi
S. 25 Nata Sha
S. 31 Tina Seidel
Mauritius Image:
S. 26 Richard Prudhomme/Alamy Stock Photos
S. 27 CatwalkFashion/Alamy Live News
Unsplah:
S. 29, S. 125: Kat Snowden

Impressum

Autorin: Babette Ulmer
Fotos & Styling: Corinna Brix
Produktmanagement: Lena Denu
Lektorat: Stephanie van der Linden
Korrektorat: Anna Maier
Umschlaggestaltung: Regina Degenkolbe
Layout und Satz: Elke Mader
Repro: LUDWIG:media
Herstellung: Julia Hegele
Printed in Slovenia by Florjancic Tisk

★★★★★

Sind Sie mit diesem Titel zufrieden? Dann würden wir uns über Ihre Weiterempfehlung freuen. Erzählen Sie es im Freundeskreis, berichten Sie Ihrem Buchhändler oder bewerten Sie bei Onlinekauf. Und wenn Sie Kritik, Korrekturen, Aktualisierungen haben, freuen wir uns über Ihre Nachricht an:
Christian Verlag, Postfach 40 02 09,
80702 München oder per E-Mail an
lektorat@verlagshaus.de.

Unser komplettes Programm finden Sie unter

www.christophorus-verlag.de

Die Deutsche Nationalbibliothek verzeichnet diese Publikation in der Deutschen Nationalbibliografie; detaillierte bibliografische Daten sind im Internet über http://dnb.d-nb.de abrufbar.

3. Auflage

in der Christian Verlag GmbH, München
Infanteriestraße 11a
80797 München

ISBN 978-3-8410-6724-1

Kreativ-Service

Sie haben Fragen zu unseren Büchern und Materialien? Wir beraten Sie gern rund um alle Kreativthemen. Rufen Sie uns einfach an. Wir interessieren uns auch für Ihre eigenen Ideen und Anregungen. Sie erreichen uns per E-Mail: **kreativ-service@c-verlag.de** oder unter der Tel.: **+49 (0)89-1306 99 577**.

Besuchen Sie uns im Internet: www.christophorus-verlag.de & www.selbstgemacht.de

Ebenfalls erhältlich ...

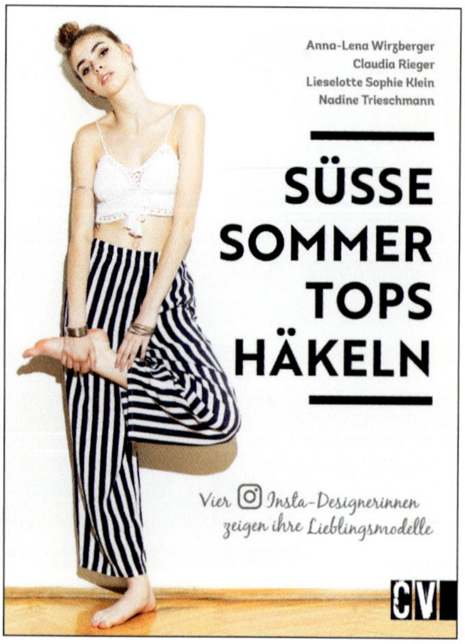

ISBN 978-3-8410-6743-2

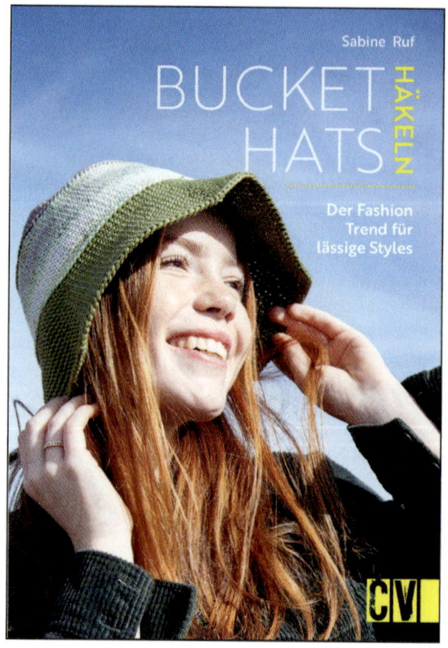

ISBN 978-3-8410-6739-5

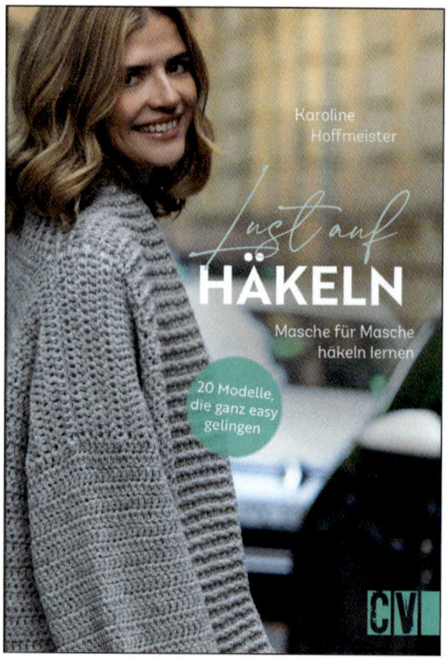

ISBN 978-3-8410-6741-8

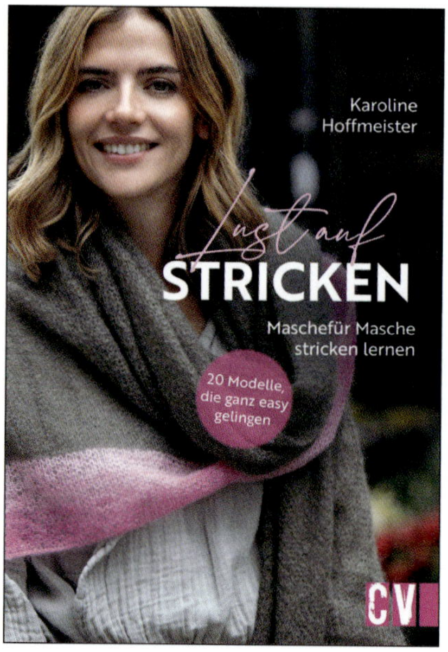

ISBN 978-3-8410-6742-5

www.christophorus-verlag.de

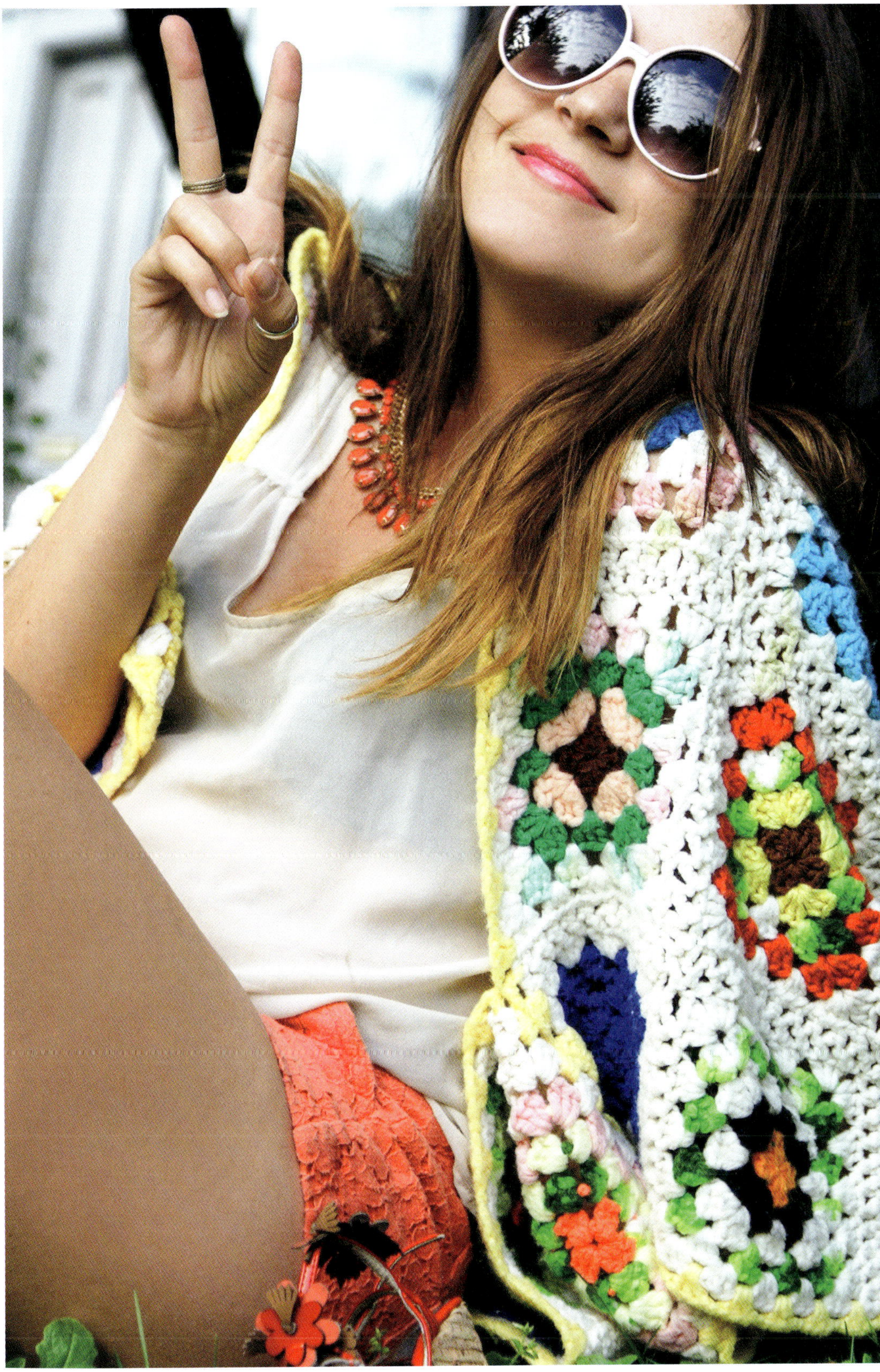

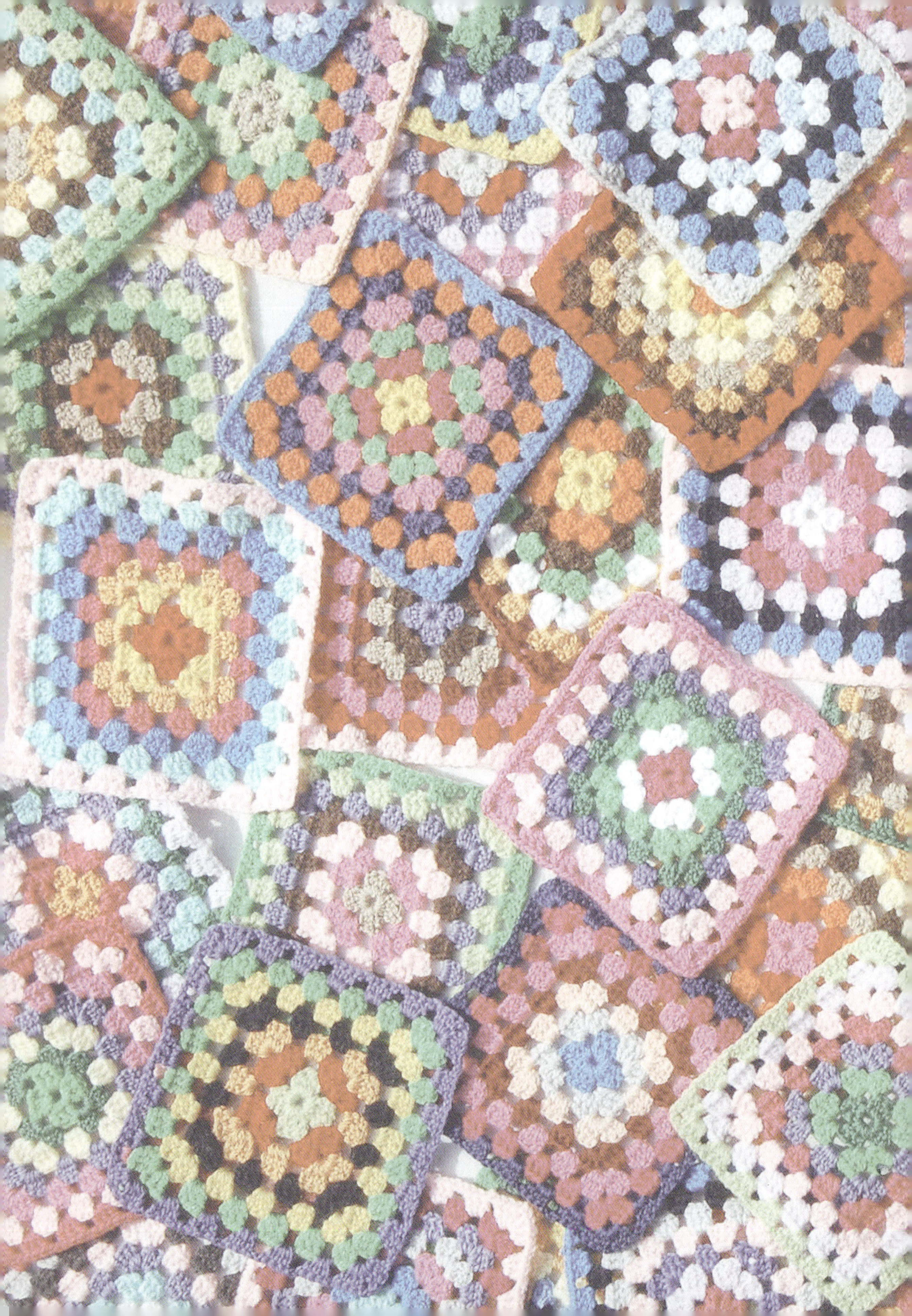